地方智库报告
Local Think Tank

浙江省司法行政服务营商环境效能评估

王釜岀 等◎著

中国社会科学出版社

图书在版编目（CIP）数据

浙江省司法行政服务营商环境效能评估 / 王釜屾等著 . —北京：中国社会科学出版社，2021.4

（地方智库报告）

ISBN 978 - 7 - 5203 - 8014 - 0

Ⅰ. ①浙⋯ Ⅱ. ①王⋯ Ⅲ. ①司法机关—行政管理—关系—投资环境—研究报告—浙江—2018 Ⅳ. ①D927.55②F127.55

中国版本图书馆 CIP 数据核字（2021）第 038293 号

出 版 人	赵剑英
责任编辑	马　明
责任校对	王　帅
责任印制	王　超

出　　版	中国社会科学出版社
社　　址	北京鼓楼西大街甲 158 号
邮　　编	100720
网　　址	http://www.csspw.cn
发 行 部	010 - 84083685
门 市 部	010 - 84029450
经　　销	新华书店及其他书店
印　　刷	北京明恒达印务有限公司
装　　订	廊坊市广阳区广增装订厂
版　　次	2021 年 4 月第 1 版
印　　次	2021 年 4 月第 1 次印刷
开　　本	787×1092　1/16
印　　张	10
字　　数	131 千字
定　　价	56.00 元

凡购买中国社会科学出版社图书，如有质量问题请与本社营销中心联系调换
电话：010 - 84083683

版权所有　侵权必究

"浙江省营商环境法律服务评价指标体系"项目组简介

项目组顾问：
陈柳裕　浙江工商大学党委书记、研究员，原浙江省社会科学院副院长、研究员

项目组负责人：
王釜屾　浙江省社会科学院副研究员、法学所副所长

项目组成员：
李明艳　浙江省社会科学院经济所副研究员
王　勇　中国计量大学法学院副教授、中国计量大学质量发展法治保障研究中心研究员
陈怀锦　清华大学公共管理学院博士后、清华大学国情研究院助理研究员
刘　健　中共天津市委党校马克思主义学院讲师
孟欣然　浙江省社会科学院智库建设与舆情研究中心助理研究员
王　平　之江实验室人工智能社会实验研究中心副研究员
罗利丹　浙江省社会科学院法学所副研究员
弋浩婕　浙江省社会科学院法学所副研究员
邓剑洋　北京建筑大学经济与管理工程学院（工程管理专业）本科生

报告撰稿人：

王崟屾　李明艳　王　勇　陈怀锦　刘　健　孟欣然
王　平　邓剑洋

前　言

习近平总书记指出,"法治是最好的营商环境","法治化环境最能聚人聚财、最有利于发展","营造国际一流营商环境"。李克强总理2017年起就反复强调,"营商环境就是生产力",屡屡对照世界银行全球《营商环境报告》,把"放管服"改革同优化营商环境有效链接,并在2018年决定开展中国营商环境评价。

作为民营经济大省的浙江,传承"亲商安商富商"传统,历届省委、省政府高度重视民营经济发展,深入推进改革开放,创造充满活力的体制机制,努力为经济发展营造良好生态。[①] 当下的区域竞争就是营商环境的竞争,是制度环境和制度供给的竞争。只有最大限度地释放改革红利,才能推动营商环境不断优化。2017年12月,浙江省委经济工作会议按照高质量发展的要求,明确提出"营造最佳营商环境,激发各类市场主体活力,推动民营经济新飞跃"。翌年年初,浙江省司法厅即认真贯彻省委工作部署,强化制度供给,出台《浙江省司法厅打造最佳营商环境法律服务专项行动方案》,在全省司法行政系统部署开展为期一年的打造最佳营商环境法律服务七大专项行动,其中之一就是会同浙江省社会科学院建立"浙江省营商环境法律服务

[①] 叶慧:《种好梧桐树——浙江着力打造最佳营商环境综述》,《今日浙江》2017年第23期。

评价指标体系"。

"浙江省营商环境法律服务评价指标体系",对标先进,主要借鉴了世界银行《营商环境报告》有关理念和方法,甚至名称。始于2002年的世界银行《营商环境报告》,旨在对各国中小企业进行考察,并对企业生命周期内所适用的法规制度进行评估,通过收集并分析全面的定量数据,对各经济体在不同时期的商业监管环境进行比较;首份《营商环境报告》于2003年发布,其包括5套指标,涉及133个经济体。而今,该报告包括10套指标,涉及190个经济体。[①] 鉴于世界银行《营商环境报告》在国内外的广泛接受度,以及中央"着力优化营商环境"的新部署,各地依托第三方,围绕世界银行《营商环境报告》所列主要指标,如开办企业、办理建筑许可、获得信贷、纳税和知识产权保护等,探索开展了营商环境评价。典型如贵州委托厦门大学中国营商环境研究中心,对标世界银行全球营商环境指标体系,连续开展的营商环境第三方评估。"浙江省营商环境法律服务评价指标体系"启动之初,本想按照"地区可比、对标世行、浙江特色"的基本原则,秉承"营商环境的优化,在本质上就是法治化"的理念,依托世界银行《营商环境报告》10项指标,贯通法治与制度,从制度落地的角度着重评估各地符合监管要求所需时间、成本以及具体规制手段等规制结果。但是,鉴于课题启动期间省级机构改革尚在进行之中,营商法治环境又涉及政府法治建设全过程各环节,而彼时各地司法行政机关尚未形成"一个统筹、四大职能"的工作布局,贸然开展营商法治环境评估,可能事倍功半,因此,具体实施中,浙江省社会科学院项目组深刻把握机构改革大势,因势而变,坚持依法依规评估的方法论,以《浙江省司法厅打造最佳营商环

---

① 罗培新:《世界银行营商环境评估:方法·规则·案例》,译林出版社2020年版,第2页。

境法律服务专项行动方案》为基本遵循,聚焦司法行政机关公共法律服务,[①] 从制度落地的角度评估各地政府公共法律服务的效能,即各地在营商环境法律服务方面是否有所举措,以及各相关举措的效果如何(横向比较)。

按照《浙江省司法厅打造最佳营商环境法律服务专项行动方案》所列七大行动——营商环境法治保障、营商法律风险防范、企业矛盾纠纷化解、知识产权保护、法律服务模式创新、法律服务数字化转型、法律服务能力提升,浙江省社会科学院项目组审慎分析政策文本,并回溯至2017年省司法厅出台的《司法行政惠企便民法律服务二十条》等涉企政策,从指标可测性、内容可比性、数据可得性、政策延续性等方面入手,按照浙江省政府提出的建立"政府绩效评价+第三方评价+群众满意度评价"精准评价体系的要求,探索建立了包括政府绩效评价(内部评价)、第三方评价与群众满意度评价有机统一的营商环境法律服务效能测评体系(即司法行政服务营商环境效度测评体系)。其中,营商环境法律服务效能测评体系总权重80分。其中,自评40分(19项终端指标),专业测评40分(14项终端指标);同时,尚有20分权重赋予社会满意度调查,以上合计权重100分。

本书主要展现的是营商环境法律服务效能评估体系的专业评估部分,既回应了党的十八大以来第三方评估作为政府管理方式创新的新理念新趋势,又延续了浙江省社会科学院项目组第三方评估的新优势。众所周知,作为现代社会的一项发明,借助评估,不仅可以了解政策干预的预期效果,而且可以了解非预期效果,为社会反思提供经验基础。[②] 浙江省社会科学院项

[①] 按照司法部原部长张军的理解,公共法律服务应统领司法行政,具体论述可参见张军《以公共法律服务体系建设为总抓手统筹推进司法行政改革》,《社会治理》2017年第8期。

[②] [德]赖因哈德·施托克曼、沃尔夫冈·梅耶:《评估学》,唐以志译,人民出版社2012年版,第2—3页。

目组研发的营商环境法律服务效能评估体系，以及依托评估体系所形成的营商环境法律服务效能评估报告，相对客观、全面地展示了浙江 89 个县（市、区）营商环境法律服务效能情况。整体看，浙江各地各部门重视营商环境法律服务；律师作用明显，为浙江民营企业发展提供了优质高效法律服务；同时，司法行政机关善于改革创新，积极探索营商环境法律服务新举措新办法。但营商环境，没有最好，只有更好。横向比较看，各地各部门在优化环境方面亦存在一些问题，如运用法治思维与法治方式打造最佳营商环境方面工作力度参差不齐，涉营商环境各项政策透明度以及回应市场主体关切落实等方面仍稍显不足，律师地区与法律服务供给之间不均衡现象仍然存在，等等。这些老问题新表现，是改革中出现的问题，必须依靠深化改革来解决；这也从一个侧面说明，优化营商环境，一直在路上。因此，本书客观记录的浙江各地各部门在营商环境法律服务方面的成效与不足，也仅是在优化营商环境的道路上作一印记，既作为历史数据供各方参考，也为后续的研究提供一些公开可见的资料，希望对各方有所裨益。

王崟屾
2020 年 5 月

目 录

第一编 总报告

第一章 营商环境法律服务效能评估报告 …………… (3)
 一 第三方评价举措与思路 ……………………… (3)
 二 主要指标及测评方法 ………………………… (8)
 三 第三方评价结果及其分析 …………………… (14)
 四 优化营商环境法治服务的对策与建议 ……… (30)

第二编 分报告

第二章 县（市、区）政府部署营商环境法律服务
   工作情况评估 ………………………………… (39)
 一 评价指标构成与评价方法 …………………… (39)
 二 评分结果与分析 ……………………………… (41)
 三 基层实践特色做法 …………………………… (44)
 四 对策建议 ……………………………………… (46)

第三章 县（市、区）司法行政服务营商环境宣教
   工作开展情况评估 …………………………… (47)
 一 评价总体思路 ………………………………… (48)
 二 评价指标、评价方法与评价过程 …………… (51)

三　评价结果及其分析 …………………………………… (62)
　　四　对策建议 ……………………………………………… (75)

**第四章　县（市、区）新媒体平台联动工作机制
　　　　　实施情况评估** ……………………………………… (81)
　　一　评估背景 ……………………………………………… (82)
　　二　指标设置及评估标准 ………………………………… (83)
　　三　评估结果及分析 ……………………………………… (86)
　　四　对策建议 ……………………………………………… (96)

**第五章　县（市、区）政商交往"负面清单"
　　　　　公开情况评估** ……………………………………… (98)
　　一　指标构成与评估说明 ………………………………… (99)
　　二　评估结果 ……………………………………………… (100)
　　三　主要问题与不足之处 ………………………………… (104)
　　四　对策建议 ……………………………………………… (106)

**第六章　县（市、区）推进律师担任县级工商联（商会）
　　　　　法律顾问评估** ……………………………………… (109)
　　一　评价指标与评价方法 ………………………………… (110)
　　二　评估结果分析 ………………………………………… (112)
　　三　基本结论 ……………………………………………… (113)
　　四　对策建议 ……………………………………………… (118)

第七章　县（市、区）营商法律服务能力提升评估 ………… (120)
　　一　法律服务助力营商环境优化的三重路径 …………… (120)
　　二　实施法律服务能力提升行动的具体目标 …………… (123)
　　三　县域法律服务能力的评价过程与结果 ……………… (127)

附　录 ………………………………………………………… (129)

一 《浙江省司法厅打造最佳营商环境法律服务专项
　　行动方案》（浙司〔2018〕44号） ………………（129）
二 浙江省营商环境法律服务评价指标体系子项目
　　——司法行政服务营商环境效度测评体系 ………（136）
三 浙江省营商环境法律服务专业测评指标体系 ……（140）
四 各县（市、区）营商环境法律服务（专业机构
　　评估）得分表 ………………………………………（141）

参考文献 ……………………………………………………（145）

后　记 ………………………………………………………（147）

第一编

总报告

第一章　营商环境法律服务效能评估报告

根据《浙江省司法厅打造最佳营商环境法律服务专项行动方案》(浙司〔2018〕44号，以下简称《行动方案》)有关"引入第三方评价机制"的要求，浙江省社会科学院（以下简称省社科院）依托其在第三方评价领域的经验与优势，具体承担了营商环境法律服务第三方评价工作。省社科院营商法治环境项目组（以下简称项目组），充分借鉴了世界银行《营商环境报告》的方法论和京沪苏皖粤等地的先进经验，重点结合浙江"最多跑一次"的改革实践，以《行动方案》擘画的"七大行动""三十二项子任务"为主体框架建构评价体系，对浙江2018年度营商环境法律服务效能进行了第三方评价，评价对象为全省89个县（市、区）政府。现将2018年度第三方评价工作情况报告如下。

一　第三方评价举措与思路

项目组按照"建立精准的评价体系，做到'政府绩效评价+第三方评价+群众满意度评价'有机统一，力求评价科学公正合理"[①] 要求，围绕"努力打造审批事项最少、办事效率

---

① 余勤：《不忘初心　牢记使命　脚踏实地　埋头苦干　全力落实人代会确定的各项目标任务》，《浙江日报》2018年2月1日第1版。

最高、投资环境最优、企业获得感最强省份"的浙江实践，以"营商环境的'优化'，在本质上就是'法治化'"为牵引驱动，坚持问题导向与效果导向相统一，按照中共浙江省委提出的"使法治成为浙江核心竞争力重要组成部分"的新要求，以评价体系为涵摄，立足新时代司法行政机关"一个统筹、四大职能"，总结提炼归纳司法行政机关惠企便民、打造最佳营商环境法律服务专项行动等为经济发展营造良好法治环境的经验与做法，丰富评价指标内涵，增强评价体系精准性，既把司法行政机关充分发挥职能作用为民营企业发展营造良好法治环境的各项举措纳入评价内容，又更加注重量化评价各地各部门优化营商环境法律服务的效能。

（一）统筹兼顾，施评有序

在前期与浙江省司法厅多轮对接、多方沟通的基础上，2018年6月22日，省社科院正式成立由副院长陈柳裕研究员牵头的10人项目组。项目组成员构成针对性强，其中有6人系法学专业，3人系经济学相关专业，1人系社会学专业，学科搭配合理，为课题后续顺利进展夯实了基础。项目启动之初，项目组成员即着手世界银行《2018年营商环境报告：改革以创造就业》主要内容的翻译工作，以及查阅浙江省委省政府以及浙江省司法厅有关服务营商环境或民营经济发展的相关政策法规。11月，在多方调研与审慎论证的基础上，形成《浙江省营商法治环境评价专业评估指标（草案）》；后又经三轮"面对面"沟通、讨论，考虑到地方机构改革正在推进的实际，项目组坚持原则性和灵活性相统一的工作方法，适时调整评价定位，以《行动方案》为主要参照，建构了具有浙江特色的营商环境法律服务评价体系，并于12月初完成了兼具政府内部评估（主要是司法行政机关自评）、专业机构评估和社会满意度测评三个维度的《浙江省营商环境法律服务评价体系研究》（以下简称《法律服务评价体系》)。关于评价体系的各子项评价指标,项目组重点参考了欧洲实验室有关"50 个指标的贡献率为 75%,超过 50 个指标的评估体系贡献度很小"模拟实验数据论断,① 共拟定了 32 项常规指标、1 项创新指标,以确保评价体系的科学性与数据收集的效率性。项目组主要依托《法律服务评价体系》(专业机构评估部分)开展了 2018 年度营商环境法律服务效能的第三方评价工作。由于时间紧、任务重,基于人力、物力乃至时间成本等考量,项目组难以在较短时间内获取各项评价指标所需基础数据〔12 项指标/县(市、区)政府〕。因此,经专题讨论,项目组以"清单式"列举 3 项需要省司法厅协调帮助事项,② 原省司法厅法制处均积极协助提供,保障了第三方评价工作的稳妥、有序开展。

(二) 点面结合,整体归集

"当前,区域竞争就是改革的竞争,是制度环境和制度供给的竞争。"③ 其中,制度环境和制度供给的核心就是法治。同时,营商环境评估的评估范围正经历从全要素评估到制度要素评估,再到法治要素评估的发展历程。由此,营商环境评估本质上成为以经济发展为核心目标的"法治技术"评估。④ 因此,项目组在设计评价体系过程中,立足优化营商环境工作的制度化、规范化,始终坚持法治思维与系统思维,既关切与优化营

---

① 顾春、陶佳苹:《量化司法公开的"吴兴试验"》,《浙江人大》2012 年第 10 期。

② 此 3 项事项涉及 3 项子项指标,分别是"法律服务营商环境典型案例""各县(市、区)推进县级工商联(商会)法律顾问建立情况""特色法律服务产品创新"。

③ 车俊:《亮出改革的金字招牌》,《人民日报》2017 年 6 月 5 日第 5 版。

④ 张志铭、王美舒:《中国语境下的营商环境评估》,《中国应用法学》2018 年第 5 期。

商环境职责密切的政府各职能部门主动作为，又注重从"整体政府"理念出发，强调基层政府各领域优化营商环境的举措应呈现汇集联动之势，点面结合、以面为主。具体而言，《法律服务评价体系》（专业机构评估部分）12 项常规子项指标中，"基层政府部署落实营商环境法律服务情况"（政策政务环境）、"各地法律服务营商环境典型案例与当地经济发展关联度"（市场发展环境）、"各地政商交往'负面清单'公开情况"（政策政务环境）、"劳动争议仲裁结案率"（市场发展环境）、"县（市、区）企业申请知识产权获授权数量与各地生产总值比例"（科技创新环境）、"县（市、区）推进律师担任县级工商联（商会）法律顾问情况"（政策政务环境）、"政府部门办事平均效率"（政策政务环境）等 7 项指标，按照"动机—行为—效果"绩效模型，主要着眼于与各类市场主体有关的法治软环境，"块块"呈现各县（市、区）市场发展环境、政策政务环境和科技创新环境等涉营商环境整体评价之实效。[①] 至于其他 5 项指标，主要涉及司法行政机关为民营企业发展营造良好法治环境的某一职能，如公共法律服务[②]或法治宣传[③]等，以"条条"形式客观地呈现相关工作任务在基层落实情况。

（三）优化指标，科学评价

浙江开展营商法治环境测评，在全国范围内尚属首次，因此并无先例参照。实践中，项目组主要参考世界银行《营商环境报告》的方法论，以及《行动方案》等政策文本，拟定评价

[①] 杨涛：《营商环境评价指标体系构建研究——基于鲁苏浙粤四省的比较分析》，《商业经济研究》2015 年第 13 期。

[②] 如"县（市、区）律师（律所）执业认同度"，以及"县（市、区）涉外律师储备情况"等子项指标。

[③] 如各地司法局官微、网站发布营商环境法治保障相关新闻报道情况等。

指标，主要突出实践特色和浙江特点。考虑到新时代司法行政新职能、蓬勃进行中的地方机构改革，以及为后续评价积累量化数据等，评价体系以及各子项指标的构建、提炼，项目组始终坚持"依法（规）评估、公众视角、内外结合"的评估理念，秉承开放、共享的思维，更多关注的是对具有"根本性、全局性、稳定性和长期性"制度问题的落细落实情况的测评，更多强调的是从终端反映各地各部门通过具体制度的完善，以及行政程序和服务流程的优化，为市场主体提供良好软环境的实效。同时，根据项目组主要成员自2013年以来从事法治政府建设第三方评价的经验，在评价体系与指标设计之初，就力求评价体系的科学合理。2019年1月初，完成第三方评价工作之后，项目组即会同杭州电子科技大学人文与法学院社会指标评估中心研究团队对《法律服务评价体系》（专业机构评估部分）测评体系与结果进行效度信度检验，结果显示指标体系具有较高的效度和信度。其中，效度检验采用主成分相关矩阵提取因子，通过最大方差法进行旋转得出6个因子（即平均体系的6个维度），累计方差贡献率为70.49%。效度检验显示，项目组研发的指标体系效度高，特别是"县（市、区）律师（律所）执业认同度""县（市、区）涉外律师储备情况""各地律师数量与各地经济发展的匹配度"等3项涉律师的测评指标，信度达0.75，能稳定地测量各地律师对优化营商环境的作用。

（四）综合集成，丰富数据收集与评价方式

评价质量很大程度上取决于信息和数据的准确性。为确保评价质量，项目组兼顾各方，一方面，参照世界银行《营商环境报告》，把DTF测评法导入评价指标体系，并重点关注法治软环境；另一方面，基于"公众视角"，充分运用实践证明行之有效的第三方评价方法，如网站观察法、网络检索法、专家评议德尔菲法等，扩大信息或数据获取面，力求尽力减少信息或数

据的"黑数"。同时,基于专家知识在公共政策中的作用,项目组邀请了一批具有丰富实践经验与专业知识的年轻专家,组建专家委员会,引入技术性、理性化的技术分析手段,科学谋划论证评价体系。此外,考虑到数据获取的阶段性,以及数据固定、转化的必要性,评价作业过程中,项目组还选择了若干"小而精"的评价点,邀请外部专家分阶段、全过程参与论证和评审,充分发挥专家咨询作用。

二 主要指标及测评方法

《法律服务评价体系》(专业机构评估部分),以《行动方案》擘画的"七大行动""三十二项子任务"为主体框架,主要由七个方面指数组成。它们分别是:营商环境法治保障、营商法律风险防范、企业矛盾化解、知识产权保护、法律服务模式创新、法律服务数字化转型、法律服务能力提升。其中,构成七个方面指数的子项指标共有12项,合计权重40分(司法行政服务营商环境效度测评体系包括"自评"+"第三方评价"+"满意度评价"三个维度。其中自评权重为40分,第三方评价权重为40分,满意度评价为20分)。此外,为发挥典型示范引领作用,鼓励各县(市、区)针对重点、前沿领域法律问题形成营商环境法律服务特色产品,《法律服务评价体系》(专业机构评估部分)特设"特色法律服务产品创新"加分项目,鼓励各地各部门自愿申报。

(一)主要指标构成及说明

1. 营商环境法治保障

营商环境法治保障主要包括基层政府部署落实营商环境法律服务情况,各地法律服务营商环境典型案例与当地经济发展的关联度,各地推动优化营商环境法律服务实践被"之江法云"

"浙江普法"以及浙江省司法厅网站宣传报道（或采用）情况，各地司法局微信公众号、网站报道营商环境法治服务工作情况等四项。其中，四项指标的逻辑基础在于统筹兼顾，即：既着眼基层政府优化营商环境法律服务的谋划力，测评其运用法治思维与法治方式开展工作、推动发展的能力，又关注政府各具体职能部门的执行力。

2. 营商法律风险防范

营商法律风险防范主要包括各地政商交往"负面清单"公开一项内容。2018年，《中共浙江省委关于推进清廉浙江建设的决定》要求"制定政商交往的正面清单和负面清单"。《国务院办公厅关于聚焦企业关切进一步推动优化营商环境政策落实的通知》（国办发〔2018〕104号）明确提出"对于市场主体关注的重点难点问题，要及时研究解决，回应社会关切"。政商交往"负面清单"，作为正确处理权力与资本关系的探索、重构新型政商关系的实践，既是政商交往的"红线"，又是为官为商的"底线"。作为政商交往的基本准则，在"让公开成为自觉、让透明成为常态"的新时代大势之下，无论基于党务公开抑或政务公开的理念与原则，政商交往"负面清单"作为各类市场主体关注的重点，必须也必然公开，以合理引导预期。

3. 企业矛盾纠纷化解

企业矛盾化解主要包括各地劳动人事争议仲裁结案率一项内容。浙江民营企业多、中小企业多、外来务工人员多，自2017年以来又大力鼓励事业单位科研人员离岗创业，再加之受宏观形势、经济转型等因素影响，劳动人事关系较以往更为复杂多变。这些复杂多变的劳动人事关系在全面依法治国的新时代，更加迫切需要合理的制度化和法制化渠道来化解矛盾。[1] 其

---

[1] 曹洋：《我国劳动人事争议调解仲裁现状、问题及对策研究》，《北京劳动保障职业学院学报》2017年第4期。

中，劳动人事仲裁因其在整个劳动人事争议处理制度中的程序被选择率最高以及"一裁终局"的制度创新，而日渐成为化解劳动关系矛盾、维护劳动关系和谐稳定的重要制度。① 因此，劳动人事仲裁结案率在某种意义上便成为当前劳动关系矛盾状况的"晴雨表"。劳动人事仲裁结案率高，意味着涉事双方当事人合理权益的有效维护，以及当地劳动人事关系的总体和谐稳定。② 因此，项目组以浙江省劳动人事争议调解仲裁网（http://zc.zjhrss.gov.cn）所列各县（市、区）劳动人事仲裁案件2018年度立案与结案情况为对照，从终端测评各地劳动人事关系的和谐性、有序性，以从中了解企业矛盾化解情况。

4. 知识产权保护

知识产权保护主要包括县（市、区）企业申请知识产权获授权数量与各地生产总值的比例一项内容。此项指标主要以知识产权这一创新主要载体为切入点，既了解各地创新创业活跃度，借此大致了解各地营商便利之大环境，又借此摸清各地发挥市场配置创新资源的决定性作用，坚持企业市场主体地位和知识产权市场价值取向，促进创新要素合理流动和高效配置，优化制度供给与服务方式之实效。实测中，鉴于评估任务的紧迫性，以及数据统计周期与评估工作的契合性等条件限制，项目组立足既有资源，实际选择了各县（市、区）2018年1—9月的面板数据。其中，各县（市、区）当年1—9月地区生产总值来自浙江省统计局编辑的《浙江经济数据要情》（2018年10月），各县（市、区）1—9月企业获授权总量来自浙江省知识产权局网站的数据统计。

---

① 孙瑜香、李天国：《新中国成立70年我国劳动人事争议处理制度的演变、成就与经验》，《中国劳动》2019年第10期。

② 冯怡：《完善制度不断提升劳动人事争议处理效能》，《中国人力资源社会保障》2016年第1期。

5. 法律服务模式创新

法律服务模式创新主要包括县（市、区）推进律师担任县级工商联（商会）法律顾问情况一项内容。作为深化法律服务浙商创新创业和民营企业发展的具体实践，此项指标主要依据2014年3月《浙江省司法厅 浙江省工商业联合会关于建立商会法律顾问制度的指导意见》，测评各地是否建立健全工商联（商会）法律顾问制度，以及实际运行情况。

6. 法律服务数字化转型

法律服务数字化转型主要包括浙江政务服务网显示的各县（市、区）政府部门办事效率、各县（市、区）司法局主要媒体平台对省司法厅重要信息的协同发布情况等两项内容。其中，评估政务服务网的办事效率（利用效度），主要是基于浙江"一张网"实践，聚焦世界银行《营商环境报告》对办事效率（时间）的关注，依托浙江政务服务网统计的各县（市、区）政府部门办事天数，采取DTF赋分法，意图树立办事效率之"最佳实践"，指导各方。此外，各县（市、区）司法局主要媒体平台对省司法厅重要信息的协同发布情况，主要依据《国务院办公厅关于加强政府网站信息内容建设的意见》（国办发〔2014〕57号，以下简称《政府网站信息内容建设意见》）、《国务院办公厅关于印发政府网站发展指引的通知》（国办发〔2017〕47号，以下简称《政府网站发展指引》）等有关政府信息"协同联动"发布要求，以《行动方案》这一"重要信息"为样本，测评各县（市、区）司法局媒体平台（主要包括微博、微信公众号、部门网站[1]等）是否予以转载、链接，主要了解司法行政

---

[1] 2017年，《政府网站发展指引》提出，"县级政府部门原则上不开设政府网站，通过县级政府门户网站开展政务公开，提供政务服务"。测评时，部分县级政府司法局的部门网站尚未整合，遇有此类情况，坚持"全覆盖"原则，也通过网站观察方式予以测评。

机关"一竿子插到底"的系统执行力。

7. 法律服务能力提升

法律服务能力提升主要包括县（市、区）律师（律所）执业认同度、县（市、区）涉外律师储备等两项内容。2018年评价中，项目组亦把律师数量与各地经济发展的匹配度（自评指标）纳入。如前所述，此三项指标能稳定地测量各县（市、区）律师对优化营商环境的作用。

此外，项目组设置的各地自愿申报的加分项目——特色法律服务产品创新，考虑到各县（市、区）第三方评价得分的趋同性，从更注重基础、常规工作的评价导向出发，实测中经专家反复讨论，适当降低了加分权重，从原先的5分权重降至1.5分权重。

（二）主要测评方法

科学方法是认识世界的基本手段，在研究和解决问题的过程中，不仅需要相应的知识，还要注意运用科学方法。作为现代社会的一项发明，借助评估，不仅可以了解干预的预期效果，而且还可以了解非预期效果，为社会反思提供经验基础。[①] 构建评估体系，评价方法是不可或缺的工具，选择恰当的评价方法与技术不仅可以提高评价的科学性和客观性，亦可节约评价成本。[②] 作为应用研究，实践性强，因此，第三方评价在实践中主要采用实用主义方法论。

1. 德尔菲专家评估法

德尔菲专家评估法，又称专家意见法，是20世纪60年代

---

① ［德］赖因哈德·施托克曼、沃尔夫冈·梅耶：《评估学》，唐以志译，人民出版社2012年版，第3页。
② 王釜岫：《如何评估政府的法治水平》，《中国社会科学报》2015年10月28日第5版。

初美国兰德公司的专家们为避免集体讨论存在的"团体沉思"和"团体偏移"等问题而提出的一种定性预测方法。为消除成员间相互影响，参加的专家可以互不了解，它运用匿名方式反复多次征询意见和进行"背靠背"的交流，以充分发挥专家们的智慧、知识和经验，最后汇总得出一个能比较反映群体意志的预测结果。本项目中，该方法主要用以确定各指标权重；同时，也用于评估某些具体的子项指标，如法律服务营商环境典型案例与当地经济发展关联度、特色法律服务产品创新等。

2. **客观数据调取法**

借助主管机关或被评测对象协助，采取客观数据调取法，即向主管机关或被评测对象调取或者由其主动提供相关数据或材料，根据评估组织者或专家论证的要素或权重进行赋分。在本项目中，该方法主要用于部分基础数据的收集，如法律服务营商环境典型案例、各县（市、区）推进县级工商联（商会）法律顾问建立情况，以及特色法律服务产品创新等。

3. **网络检索法**

项目组全面检索被评估对象所在地的政府及相关职能部门的网站、微信公众号等，对于无法在地方政府及其相关职能部门的网站上直接获取的信息，项目组还采用百度等常用检索平台进行关键词检索等间接方式。关键词的选择尽量宽泛，以免遗漏相关信息。此方法在本项目中应用最为广泛，既观察省司法厅网站、11个设区市司法局网站，又审视89个县（市、区）政府或司法局网站、微信公众号、微博等，借此在"公众视角"的基础上，全面了解各地营商环境法律服务的实践。

4. **DTF 法**

DTF，又称前沿距离分数（Distance to Frontier, DTF），是世界银行在《营商环境报告》中主要采用的方法，用以衡量被评估经济体与最佳表现之间的差距。其中，前沿者是指自2005年后或用于指标计算的数据收集之后第三年以来，所有经济体中该指标的最佳表现。参照DTF有关树立"最佳实践"的理念，项目组在各地劳动人事争议仲裁结案率、县（市、区）企业申请知识产权获授权数量与各该设区市地区生产总值的比例、浙江政务服务网显示的各县（市、区）政府部门办事效率等子项指标中予以应用，目的在于倡导"最佳实践"，激励先进，督促后进。

三 第三方评价结果及其分析

2018年，项目组依据建立的评价体系，通力合作，于2019年1月顺利完成对89个县（市、区）营商环境法律服务效能的测评工作。

（一）测评得分情况

总体而言，89个县（市、区），得分区间在12.28—26.17，平均分数为19.12，中位数为19.25，标准差为3.61，平均得分率为46.07%。排名前十位的地区依次是杭州市西湖区、宁波市鄞州区、宁波市海曙区、义乌市、瑞安市、慈溪市、宁波市江北区、杭州市下城区、杭州市余杭区、嘉兴市秀洲区；其中，杭州有3区入围，宁波有3区（市）入围，温州有1市入围，嘉兴有1区入围，金华有1市入围。排名后十位的地区依次是嵊泗县、庆元县、长兴县、遂昌县、宁波市镇海区、淳安县、杭州市临安区、东阳市、缙云县、天台县；其中，杭州有2区（县）、宁波有1区、湖州有1县、金华有1市、舟山有1县、台州有1县、丽水有3县。

就12项子项指标而言，得分率较高的分别是各地劳动人事争议仲裁案件结案率（98.19%）、基层政府部署落实营商环境法律服务工作情况（84.04%）、县（市、区）推进律师担任县级工商联（商会）法律顾问情况（80.34%），以及各地法律服务营商环境典型案例与当地经济发展关联度（72.70%）；除此之外，其他子项指标得分率相对较低，平均约在29.16%。

就设区市而言，杭州分别在各地法律服务营商环境典型案例与当地经济发展关联度、浙江政务服务网显示的各县（市、区）政府部门办事效率、县（市、区）涉外律师储备等指标中得分最高；宁波在各县（市、区）司法局媒体平台对省司法厅重要信息协同发布情况、律师数量与各地经济发展的匹配度（自评指标）等指标中得分最高；温州在各地劳动人事争议仲裁结案率指标中得分最高；湖州在各地政商交往"负面情况"公开情况、县（市、区）企业申请知识产权获授权数量与各地生产总值比例等指标中得分最高；嘉兴在各地优化营商环境法律服务实践被"之江法云""浙江普法"以及司法厅网站宣传报道情况，各地司法局微信公众号与部门网站报道营商环境法治保障工作情况，县（市、区）推进律师担任县级工商联（商会）法律顾问情况等指标中得分最高；绍兴在基层政府部署落实营商环境法律服务工作情况、县（市、区）律师（律所）执业认同度等指标中得分最高（具体见表1-1）。

测评结果显示，县（市、区）推进律师担任县级工商联（商会）法律顾问制度运行情况指标，标准差最大，说明各地在推进律师担任县级工商联（商会）法律顾问工作方面进度参差不齐；县（市、区）企业申请知识产权获授权数量与各地生产总值比例指标，标准差最小，说明浙江各县（市、区）创业创新之势已然形成，科技创新已经成为浙江发展"第一动力"。

（二）第三方评价反映出的浙江省司法行政服务营商环境成效

2018年度第三方评价情况，不一定能够立体、全面地反映浙江省营商环境法律服务的工作成效，但见微知著，经数据汇总、溯源、分析、量化与辨别等，可以发现当前浙江营商环境法律服务的主要特点。

表1-1　　各子项指标最佳实践的设区市以及县（市、区）

序号	子项指标	最佳实践	
		设区市	县（市、区）
1	基层政府部署营商环境法律服务工作情况	绍兴	杭州：余杭区、富阳区 宁波：鄞州区、北仑区、余姚市、镇海区、奉化区 温州：瑞安市、龙湾区、瓯海区、苍南县、平阳县、泰顺县、文成县 湖州：安吉县 嘉兴：南湖区、海盐县 绍兴：柯桥区、上虞区、越城区、嵊州市 金华：义乌市、永康市、兰溪市、武义县、浦江县、金东区 衢州：江山市 舟山：定海区、普陀区、岱山县 丽水：仙居县、莲都区 以上，合计33个县（市、区）
2	法律服务营商环境典型案例与当地经济发展关联度	杭州	杭州：富阳区
3	各地优化营商环境法律服务实践被"之江法云"、"浙江普法"以及司法厅网站宣传报道情况	嘉兴	绍兴：上虞区

续表

序号	子项指标	最佳实践	
		设区市	县（市、区）
4	各地司法局微信公众号与部门网站报道营商环境法治服务工作情况	嘉兴	嘉兴：秀洲区
5	各地政商交往"负面清单"公开情况	湖州	杭州：萧山区、下城区、富阳区； 宁波：北仑区、海曙区、余姚市； 温州：永嘉县； 湖州：吴兴区、德清县、南浔区； 嘉兴：秀洲区； 绍兴：诸暨市； 金华：永康市、武义县、浦江县； 舟山：岱山县； 台州：温岭市、临海市、椒江区、黄岩区； 丽水：龙泉市； 以上，合计21个县（市、区）
6	各地劳动人事争议仲裁案件结案率	温州	杭州：上城区、富阳区、建德市； 宁波：鄞州区、北仑区、镇海区、宁海县、象山县； 温州：鹿城区、乐清市、瑞安市、龙湾区、瓯海区、苍南县、平阳县、永嘉县、泰顺县、洞头区、文成县； 湖州：吴兴区、南浔区； 嘉兴：海盐县； 绍兴：柯桥区、诸暨市、上虞区、嵊州市、新昌县； 金华：永康市、婺城区、东阳市、兰溪市、浦江县、金东区、磐安县； 衢州：江山市、龙游县、衢江区、开化县； 舟山：岱山县、嵊泗县； 台州：温岭市、天台县、仙居县、三门县； 丽水：莲都区、青田县、缙云县、龙泉市、遂昌县、景宁县； 以上，合计50个县（市、区）
7	县（市、区）企业申请知识产权获授权数量与各地生产总值比例	湖州	绍兴：新昌县

续表

序号	子项指标	最佳实践 设区市	最佳实践 县（市、区）
8	县（市、区）推进律师担任县级工商联（商会）法律顾问制度运行情况	嘉兴	杭州：萧山区、余杭区、西湖区、上城区、下城区、桐庐县、建德市、淳安县； 宁波：鄞州区、慈溪市、海曙区、奉化区、象山县、江北区； 温州：鹿城区、瑞安市、龙湾区、瓯海区、苍南县、平阳县、泰顺县； 湖州：南浔区； 嘉兴：海宁市、桐乡市、平湖市、嘉善县、南湖区、海盐县； 绍兴：柯桥区、上虞区、嵊州市、新昌县 金华：义乌市、永康市、婺城区、兰溪市、武义县、浦江县、金东区； 衢州：江山市、龙游县、衢江区、常山县、开化县； 舟山：定海区； 台州：温岭市、路桥区、临海市、玉环市、天台县、仙居县、三门县； 丽水：青田县、龙泉市、云和县、景宁县； 以上，合计56个县（市、区）
9	浙江政务服务网显示的各县（市、区）政府部门办事效率	杭州	杭州：桐庐县
10	各县（市、区）司法局媒体平台对省司法厅重要信息协同发布情况	宁波	杭州：西湖区； 宁波：慈溪市、奉化区； 温州：洞头区； 嘉兴：海宁市； 台州：玉环市； 以上，合计6个区（市）
11	县（市、区）律师（律所）执业认同度	绍兴	杭州：西湖区
12	县（市、区）涉外律师储备情况	杭州	杭州：西湖区

1. 整体看，各地各部门重视营商环境法律服务

营商环境法律服务是一项复杂的系统工程，是治理领域一场广泛而深刻的革命，涉及方方面面，需要全面推进、重点突破。各县（市、区）政府在部署落实营商环境法律服务工作，以及因地制宜发布的营商环境典型案例与当地经济发展关联度等子项指标的高得分率显示，各地各部门对营商环境法律服务等工作均予以了一定程度的重视，展示出浙江各地各部门着力打造最佳营商环境的主动作为。

一方面，各县（市、区）一般能结合当地营商服务工作实际，以召开专题会议、制定专项文件（行动方案）等形式，周密部署、落实《行动方案》。从政策推动到制度建设，从平台搭建到环境优化，出台一系列实实在在的举措。如桐乡提出"更优国际营商环境"，长兴提出"全国营商环境最优县"，新昌提出"打造'升级版'最佳营商环境法律服务专项行动"，等等。除召开会议、制定专项文件（行动方案）等"规定动作"之外，各地还相继开展了形式多样的惠企行动，如深入企业调研、召集企业开展座谈、宣讲培训、提供公共法律服务等。评估还发现，设区市一级统一部署提升营商环境行动的地区，制度供给相对完善，政府有关职能部门履职水平较高，更能立足民营企业的反映和诉求支持企业改革创新，而且制定出台的政策更多跨部门跨领域。另一方面，各地创新拓展公共法律服务，既能结合公证、调解、仲裁等司法行政职能，又能结合各地实际以及产业发展现状，编制发布法律服务营商环境典型案例，创新普法宣传内容和方式，引导民营企业依法经营、依法治企。

同时，项目组对照了基于《法律服务评价体系》（专业机构评估部分）对89个县（市、区）测评得分而平均测算的各设区市营商环境平均得分，与各设区市地区生产总值（2018年1—9月）的关系（具体见图1-1）。结果显示，项目组研发的各设区市营商环境指数基本与各该市的地区生产总值呈同频共振之正相关之势。由此，项目组认为，凡是重视营商环境法律服务的地区，其营商环境往往更为优越，因此，其经济发展就更有动力。

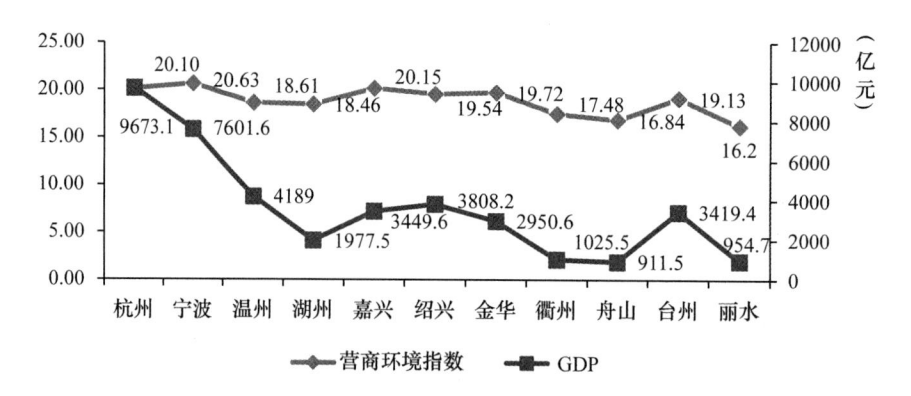

图 1-1　各设区营商环境指数与当地地区生产总值的趋势

资料来源：设区市营商环境指数即来自项目组研发的《法律服务评价体系》（专业机构评估部分），其设区市平均得分来自其所属各县（市、区）的平均得分；至于各区市的地区生产总值来自浙江省统计局编辑的《浙江经济数据要情》（2018年10月）。

2. 各地劳动人事关系和谐稳定，营商环境基础完善

营商环境不仅是商人的环境，也是劳动者的环境。各个国家、地区争抢资本、人才和技术，而和谐的劳动人事关系才是人才和资本创造收益的前提，和谐环境应同时包括就业、创业环境。县（市、区）劳动人事争议仲裁工作与各地经济社会发展存在密切的关联性，是优化营商环境的重要基础。[①] 评估结果显示，浙江依托在全国率先实现县（市、区）实体化全覆盖的劳动人事争议仲裁院，纵深推进仲裁制度改革，仲裁工作日益规范化、专业化，劳动人事争议处理效能稳步提升。2018年，浙江全省89个县（市、区）劳动人事争议平均99.3%的仲裁结案率远超全国平均95.1%的仲裁结案率，既实现了大部分劳动人事争议在仲裁环节案结事了，又不断强化劳动纠纷化解机制，优化了企业发展环境。

---

① 张梅：《基层劳动人事争议仲裁运行发展分析》，《人力资源管理》2018年第2期。

3. 工商联（商会）法律顾问制度从下任务式的"有形覆盖"转向互惠互利式的"有效覆盖"

早在2014年，浙江省司法厅就与省工商业联合会出台《关于建立商会法律顾问制度的指导意见》，为新时代深化法律服务浙商创业创新和民营企业发展夯实了制度基础。从2014年至2018年，全省各级司法行政机关、法律服务行业协会积极对接本地工商联和商会组织，搭建商会法律顾问平台，拓展商会法律服务领域，提升法律顾问工作影响力。目前，浙江省商会法律顾问体系基本完善，法律顾问工作在服务商会建设和发展中取得明显成效。一方面，商会法律顾问制度建立健全，有56个县（市、区）因地制宜，着力加强了商会法律顾问发展规划、政策、标准、考核等制度的制定和实施，形成了发挥商会法律顾问作用的长效机制；另一方面，日常工作中，86个县（市、区）工商联（商会）实际聘请了商会法律顾问，并将商会法律顾问工作贯穿工商联（商会）履职、决策等全过程、各环节，在商会和会员企业依法维权、合法经营、健康发展等方面提供了可靠的法律支持和保障。

4. 律师主动作为，为民营企业高质量发展提供优质高效法律服务

在全面依法治国的新时代，浙江律师将法治体检专项活动作为法律服务民营企业再出发的起点，将深化律师法律服务与省司法厅组织实施的"名所名品名律师"培育工作（以下简称"三名工程"）结合起来，与"打造最佳营商环境法律服务专项行动"结合起来，主动融入改革发展大局，积极投身法治浙江建设。一方面，积极帮助民营企业有效预防和化解法律风险，以法治讲座、建立专业律师服务团队、受聘企业法律顾问或者代理案件等形式，常态化、制度化从事民营企业法律服务；另一方面，浙江律师在为浙江民营企业提供专业法律服务之际，也提升了自身执业能力，实现了"双赢"。浙江律师在浙江"两个高水平"（即2017年浙江省第14次党代会提出的"高水平全

面建成小康社会、高水平推进社会主义现代化建设")建设中作用重大,受到党委政府的充分肯定和人民群众的广泛赞誉。统计显示,全省目前有41个县(市、区)的律师或律所,曾经获得浙江省优秀专业律师或浙江著名律师事务所荣誉。

5. 司法行政机关善于改革创新,积极探索营商环境法律服务新举措新办法

为体现创新导向,发挥典型示范引领作用,大力培育针对重点、前沿领域的法律问题形成营商法律服务特色产品品牌,评价体系设"特色法律服务产品创新"指标,鼓励各县(市、区)司法局积极自愿申报。围绕该指标,60个县(市、区)司法局参与申报,申报率达到67.42%。经专家评审,最终从关联性、创新性、复制与推广性、效益性等四个维度选定15个入选项目。其中,一类项目2项,二类项目4项,三类项目9项(见表1-2)。作为入选一类项目的"文成司法局海外公共法律服务点"与"临海市司法局'法律+创客'助力打造最佳营商环境",分别来自温台地区,特色鲜明,针对性强,这说明温台地区作为我国民营经济先发地区和改革开放前沿阵地,既对优质高效的法律服务有着迫切需求,又不断创新拓展公共法律服务供给模式。

表1-2　　　　特色法律服务产品创新项目入选清单

类别	地区	项目名称
一类	文成县	文成司法局海外公共法律服务点
一类	临海市	临海市司法局"法律+创客"助力打造最佳营商环境
二类	泰顺县	建立"泰商驿站"法律服务平台优化营商环境
二类	平湖市	平湖市法律精准化服务科技孵化创业中心项目
二类	杭州市下城区	下城区"法护创客"惠企法律服务项目
二类	嘉善县	"以企调伤"人民调解服务
三类	义乌市	义乌市司法局积极为"一带一路"法律服务提供"义乌方案"

续表

类别	地区	项目名称
三类	嘉兴市秀洲区	"十大专项行动"——法律服务民营经济高质量发展
三类	永嘉县	企业法律顾问主要内容和操作指南
三类	浦江县	创新载体精准发力助力实体经济健康发展
三类	建德市	建德市司法局"三个一"法治体检企业
三类	宁波市江北区	江北区延伸公共法律服务触角完善"警调衔接"机制助力打造最佳营商环境
三类	江山市	江山市司法局法律服务项目征迁深度服务打造最佳营商环境
三类	青田县	特色法律服务产品创新——青田县侨联法律顾问委员会
三类	磐安县	药材市场经营户法律服务产品说明书

(三) 第三方评价反映出的一些突发问题与主要不足

以点窥面，通过评估，也可以发现当前浙江省营商环境法律服务工作中仍然存在的一些突出问题和薄弱环节，主要表现在以下四个方面。

1. 各地运用法治思维与法治方式打造最佳营商环境的力度不一

评估发现，各地各部门在运用法治思维与法治方式从事营商环境法律服务等工作方面落实力度参差不齐。一方面，89个县（市、区）平均得分率仅为46.07%，处于低位徘徊之势，这从整体上说明浙江各地各部门在运用法治思维与法治方式打造最佳营商环境方面任重道远。另一方面，各地营商环境法律服务的"双重不均衡"现象突出。通过对11个设区市以及89个县（市、区）营商环境法律服务的最高分和最低分的分差、标准差的比较，可以在一定程度上揭示各地营商环境法律服务的均衡度情况。表1-3与表1-4分别是11个设区市，以及11个设区市所辖89个县（市、区）的均衡度数据比较。其中，表1-3中的"N"代表11个设区市，表1-4中的"N"代表11个设区市所辖各县（市、区），11个设区市的得分来自所辖各县（市、区）的平均得分，极小值和极大值分别指的是该年度作为被评价对象"N"的评价得分的最低分和最高分，极差和标准差是通过 SPSS 计算而得。

极差作为描述数据分布离散程度的一种重要方式，可以反映各数据远离中心值趋势。就表 1-3 可知，11 设区市之间极差相对较大，可初步反映出各设区市之间在运用法治思维与法治方式从事营商环境法律服务等工作方面力度不一，不均衡之势凸显。同时，就表 1-4 可知，11 个设区市所辖各县（市、区）之间，极差的差异更为显著，杭州、宁波、金华等三地的极差甚至超过 10。方差是另一方验证均衡度的方式，可以更加精确地反映地区的差异和均衡度。方差的值越大，说明差异越大；值越小，则说明差异越小。宁波、杭州、舟山、金华等地方差值较大，说明其所辖各县（市、区）差异性显著，不均衡性明显；同时，绍兴方差值最小，这表示该地各县（市、区）工作相对均衡。由此可知，设区市之间，以及设区市所辖各县（市、区）之间，其当地政府或职能部门运用法治思维与法治方式部署落实营商环境法律服务工作的确存在不均衡之势（见图 1-2），这种动向值得重视。

表 1-3　　　　　　　　设区市之间均衡度情况比较

指标内容	N	极差	极小值	极大值	均值	标准差	方差
设区市	11	4.43	16.20	20.63	18.81	1.44	2.09

表 1-4　　　　　　　89 个县（市、区）均衡度情况比较

指标内容	N	极差	极小值	极大值	均值	标准差	方差
杭州市	13	14.29	14.88	29.17	21.79	4.62	21.38
宁波市	10	13.38	14.51	27.89	21.52	4.81	23.14
温州市	11	9.19	16.75	25.94	20.44	3.12	9.75

续表

指标内容	N	极差	极小值	极大值	均值	标准差	方差
嘉兴市	7	7.29	18.23	25.52	21.47	2.64	6.96
湖州市	5	8.42	14.42	22.84	19.51	3.30	10.86
绍兴市	6	4.41	17.01	21.42	20.41	1.68	2.81
金华市	9	11.27	16.26	27.53	21.53	3.90	15.20
衢州市	6	9.53	12.51	22.04	18.23	2.88	8.29
舟山市	4	9.53	12.51	22.04	17.36	4.17	17.37
台州市	9	9.77	16.35	26.12	20.63	2.96	8.78
丽水市	9	7.41	13.95	21.36	17.59	2.30	5.29

图 1-2 各设区市得分趋势

此外,"制度问题更带有根本性、全局性、稳定性、长期性"。项目组在评估中还发现,各地在推动优化营商环境制度化方面差异较大。89个县(市、区)中,仅有40个县(市、区)结合实际,以专项文件、方案等形式制度化、规范化本地优化营商环境的各项举措;同时,还有49个县(市、区)未发现其已制定并公开本地政商交往的"负面清单"。这一方面表明,部分地区或职能部门未将营商环境法律服务作为本地或本部门的一项重点工作予以推进;另一方面,相关政府和部门推进优化营商环境的相关举措未制度化,难以具有持续性。

2. 政务公开已成制约各地优化营商环境的最大短板

2018年12月，中央经济工作会议提出："建立公平开放透明的市场规则和法治化营商环境，促进正向激励和优胜劣汰，发展更多优质企业。"由是观之，政务公开与营商法治环境应一体建设、共同推进，但就第三方评价结果来看，各地各部门在涉营商环境各项政策的透明度以及回应市场主体关切等方面，落实力度仍稍显不足。

（1）政商交往"负面清单"体制内循环现象较为严重。政商交往"负面清单"，作为构建"亲""清"新型政商关系，着力破解"亲"而不"清"、"清"而不"亲"等问题的有力抓手，历来是市场主体关注的重点问题。无论是遵循《中国共产党党务公开条例（试行）》还是《政府信息公开条例》，作为"涉及人民群众（主要是企业家）生产生活"以及"市场主体关注的"的重要党务或政务信息，政商交往"负面清单"均应公开。但评估结果显示，全省89个县（市、区），仅有21个县（市、区）公开本地因地制宜制定的政商交往"负面清单"，占比仅23.60%；不少县（市、区）制定的政商交往"负面清单"，仍"犹抱琵琶半遮面"，尚停留在领导讲话或其他政策文件"表述"中，"只听楼梯响，不见人下来"。

（2）司法行政机关媒体平台信息协同联动机制尚不健全。《政府网站信息内容建设意见》以及《政府网站发展指引》明确规定"建立政府网站间协同联动机制"，对上级政府网站和本级政府门户网站发布的重要政策信息，要求及时转载。项目组以《行动方案》这一省司法厅发布的重要政策信息为样本，测评89个县（市、区）司法局微信公众号、微博、部门网站信息协同联动发布情况，结果仅有杭州市西湖区、慈溪市、宁波市奉化区、温州市洞头区、海宁市、玉环市等6个区（市）在各自官方微博上予以联动发布，其他83个县（市、区）司法局的微信公众号、微博、政府网站则无一转载或链接。由此可知，司法行政机关上下之间的信息协同联动机制仍需进一步建立健全，以推动巩固全省司法行政机关"一盘棋"之格局。

（3）设区市司法局网站建设水平和运行稳定性有待提升。根据项目组对省司法厅网站以及11个设区市司法局网站的观察，网站运行不稳定的情况仍然存在。一方面，部分网站链接无效，如省司法厅网站涉及杭州、湖州、绍兴、衢州、舟山等地司法局网址链接，以及宁波、湖州、舟山、丽水等设区市司法局网站涉及其他设区市网站链接无效等；另一方面，部分设区市司法局网站悬浮框过多，且所列信息陈旧，严重影响公开效果。

（4）信息发布无规律导致难以查找。政府网站设置专题或专栏的初衷在于为查询提供便利，但部分网站涉营商环境法律服务信息发布位置较为随意，使得专题或专栏形同虚设、流于形式。比如，个别网站设有"最佳营商环境法律服务专项行动"悬浮框，但点击访问后却发现该栏目中信息报道混杂，主题杂乱（如混杂"五水共治"信息等）、时间无序。

3. 律师地区与法律服务供给之间不均衡现象仍然存在

截至2018年底，浙江全省共有律师22772人。虽然各县（市、区）律师数量与当地经济发展具有一定匹配度（平均匹配度为41.67%），但地区之间律师不均衡现象仍然存在。一方面，杭州执业律师达到8127人，约占全省执业律师的35.69%，而衢州、舟山、丽水等三地分别拥有执业律师547人、293人、567人，三者总计1407人，仅为杭州的17.31%，在承担公共法律服务方面力量明显不足，难以有效满足当地经济社会发展需求。另一方面，各地在涉外律师储备方面难以适应浙江"开放强省"建设新实践。以省司法厅公布的《浙江省涉外律师人才库》为基准，测评发现，全省尚有68个县（市、区）无涉外律师人才，占比约76.40%；其中，具有涉外律师储备的21个县（市、区），仅杭州就有上城区、西湖区、拱墅区、江干区、滨江区、余杭区等6区入围，占比约28.57%，资源相对集中；而湖州、丽水等两地则无县（市、区）入围，布局不合理。目前，浙江全省律师中，懂经济、懂外语、懂国际规则并能够熟练提供全程法律服务的也就百余人。

纵向延伸，基于近十年浙江律师业务类型对比，可以看出当前浙江省法律服务供需不匹配，律师业务类型既集中又单一，诉讼业务与非诉讼业务发展不平衡（见图1-3）。律师的业务范围与商品经济的发达程度成正比。随着市场经济发展和经济往来加速，成立公司、办理财产转让、外贸、对外投资、技术援助、专利申请等，都要律师提供法律服务，而这些服务都是非诉讼性质的。在发达国家或地区，律师在非诉讼领域业务数量已经占到80%以上。[①] 2017年，浙江全省律师办理的52.3万件法律业务中，与经济相关非诉案件4.5万件，占比仅为8.6%。从2009年到2017年，浙江律师非诉业务仅增长76.72%，而同期浙江各类市场主体增长116.15%。横向比较，与北京、上海、江苏、广东等地相比，浙江的非诉讼业务量远远滞后（见图1-4）。

相对于传统诉讼业务而言，非诉法律事务比例体现了律师行业向新兴领域拓展业务类型的成果，体现了国家利用法律手段管控经济生活的程度和范围。[②] 就浙江而言，非诉法律事务在律师业务中的低占比、低增长，说明当前浙江律师在大变革大发展的新时代，根据社会变化和当事人需求调整、创新能力尚有不足，服务和人才同质化问题突出，为浙江经济社会发展提供优质法律服务任重道远；同时，这也从终端反映浙江在全省律师行业实施"三名工程"的必要性。

[①] 朱景文：《比较法社会学的框架和方法——法制化、本土化和全球化》，中国人民大学出版社2001年版，第320页。

[②] 庞正忠主编：《北京律师发展报告No.3》，社会科学文献出版社2017年版，第56页。

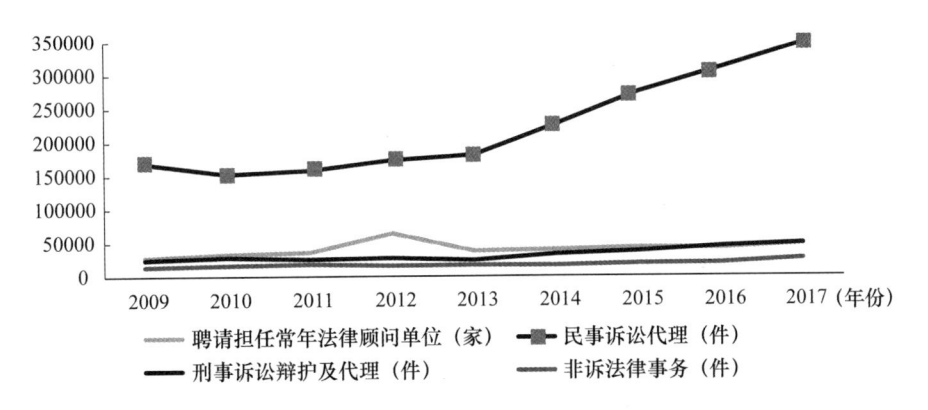

图 1-3　2009—2017 年浙江律师主要业务类型与数量

资料来源：浙江省统计局、国家统计局浙江调查总队编：《浙江统计年鉴》，中国统计出版社，2010—2018 年相关年份。

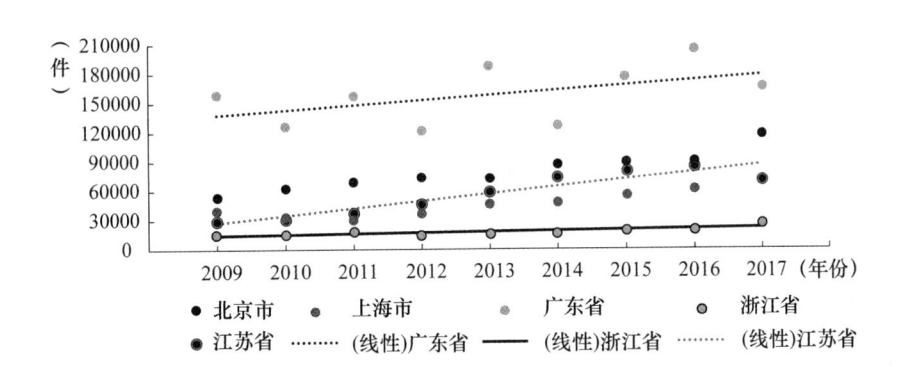

图 1-4　京沪苏粤浙五省（市）律师非诉讼业务情况

资料来源：北京、上海、广东、浙江、江苏等省（市）统计年鉴，2010—2018 年相关年份。

4. 政府部门网上办事效率有待提高

世界银行《营商环境报告》聚焦政府部门办事效率提高。有鉴于此，项目组立足浙江政务服务网作为全国最早运用"互联网+政务"打造的在线公共服务平台，以其显示各县（市、区）政府职能部门网上平均办理时效为准，测评民众网上办事平均耗时。经抽样，在测评周期内，89 个县（市、区）平均办事耗时为 4.69 天，最短耗时为桐庐县的 1.85 天，最长耗时为诸暨市的8.26天。其中，有47个县（市、区）政府部门平均办事耗时超过4.69天，占比约52.81%，这与当前浙江正在致力打造的"办事效率最高"省份有所冲突。仔细分析桐庐县耗时最短的原因，或主要与2017年省人大常委会作出的《关于推进和保障桐庐县深化"最多跑一次"改革的决定》（以下简称《决定》）有关。《决定》既明确提出要创新工作机制，提高审批工作质量和效率，又为桐庐深化"最多跑一次"改革提供法律保障。由此观之，法治对引领和推动改革、转变政府职能意义重大。同时，亦可断言自2019年1月1日施行的地方性法规《浙江省保障"最多跑一次"改革规定》，必将在全省层面释放制度红利，普遍提升各县（市、区）政府部门办事效率，营造有利于企业干事创业的最佳政务环境。①

四 优化营商环境法治服务的对策与建议

习近平总书记提出："营商环境只有更好，没有最好。"纵深推进营商环境改革，必须因地制宜，以"最多跑一次"改革和"整体政府"理念为牵引，将改革取向、改革动力、改革效应体现到各方面各领域。同时，营商环境优化的本质是法治化。良好的营商环境是公开透明、稳定可预期和公平竞争规范有序的，纵深推进营商环境改革，必须聚焦企业关切，走制度化、规范化之路，"找短板、续新篇"，将纵深推进营商环境改革有机融入法治政府建设全过程各环节，同时着力打造开放透明的营商环境，营造企业健康发展的社会氛围。

（一）建立和加强营商环境法治保障的体检和评估

《中共中央关于全面推进依法治国若干重大问题的决定》指

---

① 叶慧：《种好梧桐树——浙江着力打造最佳营商环境综述》，《今日浙江》2017年第23期。

出:"社会主义市场经济本质上是法治经济。"[①] 法治既是营商环境的题中之义,又是优化营商环境的重要抓手。建议在实践中,引入"法治体检"理念与方法应用到优化营商环境评价工作,探索建构具有浙江特色、对标世行的营商法治环境评价体系,全面、客观、系统地查找和发现各地在推动营商环境优化方面的工作实绩和成效,既用量化指标的横向比较反映各地营商环境的差异、辨别影响企业经营环境的主要因素,同时又可为各级政府调整政策、持续优化营商环境提供基础信息和参考。

(二) 深化政务公开推动营商环境优化

政务公开是打造法治化营商环境的必然要求。法治的关键在于稳定和可预期。政务公开就是以权力行使、运行、监督的全过程公开,换取营商主体对地区投资的制度性信心、计划和预期。深化政务公开,要坚持立体施治。一方面,积极拓宽政务公开领域,打造阳光政务。坚持公开为常态、不公开为例外,凡是不涉及国家秘密、商业秘密和个人隐私的政府信息,都将主动向社会公开,实现"应公开尽公开""应上网尽上网",不断提高权力运行的透明度,充分保障企业群众的知情权、参与权、表达权和监督权。另一方面,着力丰富政务公开形式,打造开放参与政务。积极构建企业群众"看得到、听得懂、易获取、能监督、好参与"的政务公开生态,及时精准向企业推送涉企政策信息,提升政策传播、推广和落地效应,不断增进企业群众对政府工作的认同和支持。

1. 要重视政府门户网站第一平台作用

《政府网站发展指引》规定"县级政府部门原则上不开设政

[①] 《中共中央关于全面推进依法治国若干重大问题的决定》,载中共中央文献研究室编《十八大以来重要文献选编(中)》,中央文献出版社2016年版,第162页。

府网站,通过县级政府门户网站开展政务公开,提供政务服务"。因此,自2017年5月起,各县(市、区)司法局网站陆续关停。项目组测评显示,截至2018年12月底,全省仅有29个县(市、区)司法局尚有相对独立的网站(网页),向公众集中统一公开本地司法行政机关发挥职能作用打造最佳营商环境的相关政策措施、执行情况和工作成效等。新时代,司法行政机关实现党政机关合并设立和职能优化,县级司法行政机关作为各地全面依法治县(市、区)委员会办公室,既要把主要精力放在行政执法协调监督方面,又要自觉承担起统筹协调、指导推进、督促落实各有关方面法治工作的职责,因此,更需要"让权力在阳光下运行",把司法行政各项重点工作(如涉企法律法规和规范性文件的立改废释等)及时准确传递给公众,特别是企业。建议可参考台州市司法局打造所属各(县、区)网上司法局的经验(见图1-5),由省司法厅牵头,统一做好全省司法机关网站建设规划,形成纵向到底的全系统"一张网"对外,着力提高各地特别是县(市、区)司法局信息发布的集中性和权威性;在提升门户网站技术稳定性的同时,还应在加强栏目设置、优化的基础上,依托互联网技术,实现政务信息的主动推送、智能查找。

2. 规范政务新媒体运维管理

评估发现,全省司法行政机关认真践行网上群众路线,积极运用政务新媒体推进政务公开,虽然取得较好成效,但仍存在"一哄而上、一处(室)一号、一单位多账号"等现象。如以司法厅为主办单位的微信公众号就有5家,还不包括其内设机构或直属单位开设的5家(见表1-5)。[①]《国务院办公厅关

[①] 当然,测评中也发现部分县(市、区)司法局存在2个微信公众号的情况,如海宁市司法局有"海宁司法"与"紫微说法"等2个微信公众号,嘉兴市南湖区司法局有"南湖普法"与"南湖司法在线"等2个微信公众号,等等。

图1-5 台州市司法局"网上司法局集群"

于推进政务新媒体健康有序发展的意见》（国办发〔2018〕123号）明确要求"一个单位原则上在同一平台只开设一个政务新媒体账号"，"对功能相近、用户关注度和利用率低的政务新媒体要清理整合，确属无力维护的要坚决关停"。建议按照集约节约的原则，统筹司法行政机关政务新媒体建设，集中力量做优做强主账号，坚持统一发布、一个声音对外，对功能相近、用户关注度和利用率低的政务新媒体要清理整合，确属无力维护的要坚决关停，并向社会公告。

表1-5　　　浙江省司法厅（包括内设机构、直属单位）
开设的政务新媒体列表

序号	微信公众号	主办单位
1	之江法云	浙江省司法厅
2	之江法镜	浙江省司法厅
3	之江法谏	浙江省司法厅
4	之江矫正	浙江省司法厅
5	浙江普法	浙江省司法厅

续表

序号	微信公众号	主办单位
6	浙江监狱	浙江省监狱管理局
7	浙江戒毒	浙江省戒毒管理局
8	浙江公证	浙江省司法厅公证管理处
9	浙江法律援助	浙江省法律援助中心（法律援助工作处、省"12348"法律服务中心）
10	之江法援	浙江省法律援助中心（法律援助工作处、省"12348"法律服务中心）

注：序号1—4、8—10，已于2019年4月停更，特此说明。

3. 着力提升政务信息发布的精准度与有效性

各地各部门要围绕优化营商环境中心工作，深入推进决策公开、执行公开、管理公开、服务公开、结果公开。要对已出台的优化营商环境政策措施及时跟进解读，准确传递权威信息和政策意图，并向企业精准推送各类优惠政策信息，提高政策可及性。同时，要加强市场心理分析，做好政策出台对市场影响的评估，善于引导预期，对于市场主体关注的重点难点问题要及时研究解决，回应社会关切；对政策措施出台实施过程中出现的误解误读和质疑，要迅速澄清、解疑释惑，正确引导、凝聚共识，建立网上舆情引导与网下实际工作处置相同步、相协调的工作机制。

（三）一以贯之推进"三名工程"

2016年5月，浙江省司法厅部署实施"三名工程"，取得了有目共睹的成绩。新时代，要坚持一张蓝图绘到底、一以贯之抓落实，以"三名工程"为抓手，坚持经济社会发展到哪一步，法律服务就应该跟进到哪一步，推动律师工作再上新台阶。一方面，要持续完善律师行业扶持保障政策，搭建平台，推动各地因地制宜制定扶持律师业发展的政策文件等，建立长效机制；另一方面，要把加快发展涉外法律服务业摆在更加突出的位置，围绕打造"一带一路"建设桥头堡,加快建设义甬舟开放大通道等重大战略,完善培养培训机制,加快培养高素质涉外律师人才,打造一批国际化先进律师事务所,让涉外法律服务工作迈上新台阶。同时,还要立足深植互联网基因的浙江实际,探索创新"互联网+"法律服务模式,优化法律服务资源布局,缩小区域、城乡法律服务供给的时空距离和质量差异。

(四) 全力建设数字政府与智慧政务

深化"最多跑一次"改革,着眼"掌上办事""掌上办公",依托掌上办事"浙里办"和掌上办公"浙政钉",加快构建数据共享和流程再造系统模型,促进观念转变、职能转变、流程转变和数据共享,打造全面履行经济调节、市场监管、社会治理、公共服务、环境保护职能的数字政府。同时,数字政府深度变革的方向是智慧化。基于海量数据和公众线上行为轨迹的深度分析和价值挖掘,对现实问题进行快速识别并精准提炼公众需求,通过线上访问轨迹和点击行为识别公众的差异化需求,针对性改进政府线上公共服务,使公共服务越来越智慧化、主动化和精准化。在数字政府与智慧政务的浙江改革实践与探索中,司法行政机关,特别是省司法厅要立足新时代新职能,一方面,要重点借鉴在法治轨道上推进"最多跑一次"改革的浙江经验,同步考虑改革推进过程中涉及的法律问题,加强立法授权、改废和清理工作,努力为数字政府与智慧政务的持续深入推进提供有效制度供给;另一方面,要全面深化"最多跑一次"改革,推动更多法律服务事项实现"网上办、就近办、一次办、马上办"。

第二编

分报告

第二章　县（市、区）政府部署营商环境法律服务工作情况评估

法治是最好的营商环境，但营商法治环境建设涉及方方面面，任重而道远，只有找准营商法治环境建设中的痛点、难点和堵点，才能精准发力、对症下药。此次对浙江89个县（市、区）政府司法行政机关部署营商法治环境的工作情况进行评估，立足于制度供给视角，强调制度可及性，有助于客观评价司法行政系统部署和落实营商法治环境优化的工作效能，以总结好经验、好做法。

一　评价指标构成与评价方法

"基层政府部署营商环境法律服务工作情况"指标，不搞"大而全"，从营商环境公共法律服务入手，坚持以各县（市、区）司法行政机关为切入口，既测评其落实省司法厅部署情况，又观察其以法治思维与法治方式服务营商环境大局的主动作为。具体而言，测评主要从三个方面展开：一是考察评价对象是否在评价时限内针对营商环境等重点工作颁布专项文件或者制定措施、方案，这主要从制度供给维度测评；二是考察评价对象是否在评价时限内针对营商法治环境进行专项工作部署，这主要是从制度落地的维度测评；三是考察评价对象是否在评价时限内针对营商法治环境开展专项活动或者相关活动以落实其工作部署，"关键

在落实",这也是从制度落地维度予以测评。此次测评,评价时限为2018年1月1日—12月31日。

根据前述三个测评方面及结果可测性、数据可得性等,"基层政府部署营商环境法律服务工作情况"指标具体设置四个测评点:其一,是否制定专项文件、措施、方案等;其二,是否召开专题会议;其三,是否开展专项活动;其四,是否开展相关活动。

至于评价方法,主要采取依据测评点设置的原始得分,以及基于地区差异平衡的转化测评赋分,具体方法如下。

一是原始分数得分方法说明。其一,各地司法行政机关如果开展了以提升营商环境法律服务为主题的专项活动就得2分,但在开展相关活动而非专项活动的情况下得1分,上述两项不兼得分;其二,各地司法行政机关如果召开过以提升营商环境法律服务为主题的专题会议得1分,否则不得分;其三,各地司法行政机关制定营商环境法律服务优化(包括但不限于优化,也可包括推进、推动、动员等)专项文件者,得1分。其中,总分达到2分即为良好,高于2分为优秀,低于2分为及格。

二是转化测评赋分的方法说明。其一,考虑到各地经济发展状况的不平衡和产业、政策环境的差别,如果直接采用原始分数作为各评价对象的最终分数,会忽略了地区差异,导致测评结果不可比,违背评估的科学性原则。因此,为了使最终的测评分数在各评价对象中具有科学性和可比性,项目组对11个设区市内部的各个县级单位采用DTF法(即"前沿距离法"),对第一阶段得到的原始分数做可比化处理,使得设区市内部的县(市、区)分数可比。其二,具体操作方法。首先,在各设区市内部根据各个县(市、区)原始得分进行排序;其次,采用5分制,将原始得分最高的评价对象赋值为5分,作为"前沿";最后,根据本地市内其他县(市、区)的原始分数与"前沿"的差距进行1—4分的赋值。通过这样的前沿距离法得到各评价对象的测评赋分。

三是最终分数的得分方法说明。"基层政府部署营商环境法律服务工作情况"指标，总权重为4分；因此，在前两阶段的测评工作得出测评赋分分值后，还需要将测评赋分的分值进行标准化计算，化为4分制。经过标准化后最终得出89个县（市、区）的得分。

综上所述，测评对象最终得分经过三个阶段：第一阶段，通过4个得分项指标得到原始得分；第二阶段，利用前沿距离法对原始得分进行可比化处理，得到测评赋分；第三阶段，根据指标在整个测评体系中的权重对测评赋分进行标准化处理，得到评价对象的最终得分。

二 评分结果与分析

根据前述方法，得出全省89个县（市、区）政府部署营商环境法律服务工作方面的量化分数（见表2-1），汇总情况如下。

从评估结果来看，整体上各县（市、区）司法行政机关贯彻落实省司法厅"打造最佳营商环境法律服务专项行动"情况非常好。参加测评的89个县（市、区）中，37.08%获得满分，38.20%达到良好等级。每个设区市均有获得满分的县（市、区），这充分说明各设区市对营商法治环境工作的重视。其中，有的县（市、区）制订了本区域的专项行动方案，并因地制宜提出了自己的口号，如新昌县提出"打造'升级版'最佳营商环境法律服务专项行动"。同时，各地司法行政机关认真履行司法行政法律服务职责，切实发挥法治宣传、法律服务、法治保障等职能优势，都开展了相关活动，这些活动一般以服务企业为核心，形式多样，既包括深入企业调研、召集企业开展座谈、宣讲培训，又包括提供"惠企便民"法律服务等。

表2-1　　　　　　　　　指标测评得分情况

	最终得分（个数）	地区名称
基层政府部署营商环境法律服务工作情况	4.00分（33个）	宁波市鄞州区、义乌市、瑞安市、杭州市余杭区、浦江县、嘉兴市南湖区、温州市瓯海区、宁波市奉化区、武义县、舟山市定海区、余姚市、绍兴市柯桥区、绍兴市上虞区、永康市、金华市金东区、绍兴市越城区、平阳县、海盐县、宁波市北仑区、杭州市富阳区、岱山县、丽水市莲都区、温州市龙湾区、江山市、苍南县、安吉县、泰顺县、仙居县、兰溪市、嵊州市、文成县、舟山市普陀区、宁波市镇海区
	3.20分（34个）	杭州市西湖区、宁波市海曙区、慈溪市、宁波市江北区、杭州市萧山区、温岭市、湖州市南浔区、杭州市江干区、温州市鹿城区、玉环市、德清县、临海市、新昌县、衢州市柯城区、台州市黄岩区、诸暨市、嘉善县、永嘉县、温州市洞头区、三门县、衢州市衢江区、桐乡市、台州市路桥区、常山县、建德市、青田县、开化县、龙游县、磐安县、象山县、乐清市、宁海县、天台县、东阳市
	2.80分（14个）	嘉兴市秀洲区、杭州市拱墅区、海宁市、龙泉市、平湖市、湖州市吴兴区、云和县、杭州市滨江区、松阳县、景宁县、缙云县、遂昌县、长兴县、庆元县
	2.40分（8个）	杭州市下城区、台州市椒江区、杭州市上城区、金华市婺城区、桐庐县、杭州市临安区、淳安县、嵊泗县

评估结果显示，在设区市层面统一部署提升（优化）营商法治环境的地区，其所属县（市、区）司法行政机关往往开展了更多的活动，而且有一些跨部门和多部门联合组织的活动，得分也相应更高。其中，各地在优化营商环境法律服务方面一般能结合本地实践，切合地区发展战略，提出各具地方特色的打造最佳营商环境的行动策略。如杭州提出"打造国际一流营商环境"，宁波强调"打造一流营商环境"，温州部署"营商环境提升年"，衢州践行"打造中国营商环境最优城市"。部分县

(市、区)坚持施治有序,根据地方实践有针对性地提出了打造最佳营商环境法律服务专项行动的目标,如桐乡市提出了"更优国际营商环境",长兴县重点打造了"全国营商环境最优县",等等。设区市层面的统一部署与统筹指导承上启下,为基层司法行政机关开展营商环境法律服务工作营造了良好的社会氛围与制度环境,并可以有效调动基层的积极性,有利于促进基层司法行政机关工作。评估结果也显示,即便是在一些设区市层面部署力度不强的地区,其所辖县(市、区)司法行政机关也具有一定的积极性与主动性,善于借梯登高,能够把营商环境法律服务工作与"最多跑一次""清廉浙江"等省委省政府中心工作结合起来,也产生了一定的社会影响,这也从一个侧面反映出司法行政机关纵向联系相对紧密,执行力较强。

评估结果显示,部分县(市、区)得分相对较低,其原因主要如下。

一是各县(市、区)政府门户网站公布的信息不够完整,以致评估人员在评价时限内不能找到有效的得分信息。《国务院办公厅关于印发政府网站发展指引的通知》(国办发〔2017〕47号)明确规定,"县级政府部门原则上不开设政府网站,通过县级政府门户网站开展政务公开,提供政务服务"。《浙江省人民政府办公厅关于进一步加强政府网站管理的通知》(浙政办发〔2017〕115号)要求,"各级各单位要对标《政府网站发展指引》提出的政府网站开办条件,对存量政府网站进行全面清理",并强调要"于2017年底前完成内容整合迁移、关停下线"。因此,项目组评估以各县(市、区)政府的门户网站为主,借助模糊搜索法以及网站观察法等,了解各地司法行政机关的政务信息,测评其是否部署过营商环境法律服务工作。但评估发现,部分政府门户网站政务信息的公开不完整、不及时,难以有效回应社会关切。同时,有的政府门户网站功能尚不完善,如个别政府门户网站无搜索引擎,或者政府门户网站虽有搜索引擎选项，但不能正常执行检索操作。虽然在这种情况下，本着信息广泛收集的原则，项目组组织人员采取了浙江政务服务网检索、百度检索等替代方式，但挂一漏万，难免会造成信息不准确或信息量不充足。

二是政务公开不到位，导致评估人员无法获取有效的得分信息。有的县（市、区）相关部门虽然开展了很多与优化营商环境法律服务相关的工作或活动，但是政务公开意识不强，并没有将具体工作信息向社会公开，仅是在"体制内循环"，因而导致评估人员得不到有效信息。

三是有的县（市、区）开展优化营商环境法律服务专项活动或者文件制发时间并没有在评估时限之内，故而导致单项得分较低。

三 基层实践特色做法

在搜集基层政府部门部署营商环境法律服务工作情况相关信息的过程中，项目组坚持目标导向、问题导向与效果导向相统一，以基层为镜，发现了基层的一些特色做法与亮点。这些基层实践坚持以法治思维与法治方式优化营商环境，紧密结合地方实际，切实发挥法治宣传、法律服务、法治保障等职能优势，值得总结和推广。

一是以多样化方式营造良好社会氛围和扩大社会影响。例如，杭州市江干区户外投放广告，对江干区良好的营商环境进行社会宣传；桐乡市、长兴县等地根据地方实践有针对性地提出各自口号或行动方案，以凝聚人心，营造氛围，如桐乡提出"更优国际营商环境"，长兴提出"全国营商环境最优县"；再如，乐清市制订《乐清市"营商环境提升年"行动实施方案》，以强化制度指导。

二是政策落到实处，制定操作性强的优化营商环境措施。

例如，瑞安市制定《"深化改革优环境"十二条措施》、宁波市奉化区制定《营商环境再提升二十三条》、宁波市海曙区市场监管局制定《关于提升区域经济发展后劲打造优质高效营商环境若干意见》等。这些政策文件的制发，夯基垒石，为优化营商环境提供了政策依据。

三是政策落实有保障，设立专员和部门进行服务和监督。例如，永嘉县、温州市瓯海区成立营商环境服务监督局，针对营商环境中存在的体制机制以及普遍性问题，建立收集分析机制和反馈解决机制，采取针对性措施，切实从根源上予以解决。温州市龙湾区与洞头区、龙游县等地设置营商专员，并且实行AB角双人组运作机制，专职营商专员和兼职营商专员互为补充，为投资项目的业主提供政策宣传、问题协调、项目跟进、全程代办等服务，精准对接企业。其中，温州市洞头区成立优化营商环境保障暨作风建设活动协调小组，收集化解企业难题，跟踪督办信访举报，同时成立查处工作专班，查办破坏营商环境案件。衢州市柯城区设立营商环境建设办公室，全力打造营商环境最优城市，全力建设"无证明办事之城""掌上办事之城""信用示范之城"，争当最佳营商环境"领跑者"。台州市全市推广"妈妈式服务"为企业提供"五心"标准服务（即情感上暖心、行动上贴心、措施上用心、机制上顺心、关系上无私心），把"有效市场"和"有为政府"结合起来，打造审批事项最少、办事效率最高、投资环境最优、企业获得感最强的城市，为台州民营经济再创新辉煌提供有力支撑和有效保障。

四是"互联网＋"助力营商环境优化。例如，苍南县在全县832个规上企业、重点招引项目建立效能监测点，开发"营商环境一键通"微信举报平台，对破坏营商环境问题实行零容忍，发现一起、查处一起；安吉县开发"投资环境"App，打通问题反馈渠道，通盘把脉营商环境，使成为监测点的企业都得到对应账号，随时随地可以通过线上进行问题反馈。

四 对策建议

为强化政府服务力，牢固树立"法治是最好营商环境"的理念，并进一步巩固和扩大现有的营商环境法治服务建设成果，把推动高质量发展与建设高水平法治更好地结合起来，加强在改革发展、法治服务和保障、法治环境等方面的探索实践，着力打造最佳营商环境，根据评估过程与结果所揭示的问题，项目组建议应从如下四个方面着手，精准施策。

第一，加强设区市层面的统一部署与统筹，为司法行政机关开展专项活动提供良好的社会氛围。优化营商环境是系统性工程，需要各部门的参与和通力合作。

第二，着力推进政务公开，完善信息公开方式，依法主动公开涉企政策信息。司法行政机关充分发挥职能作用，为民营企业发展营造良好法治环境，关键是要充分发挥广播、电视、报刊等传统媒体优势以及善于利用新媒体，及时、准确地公开相关信息和政策意图，提高政策可及性。

第三，优化政府门户网站检索功能，加强网站信息化建设。在政府门户网站海量信息中获取有效资讯，检索功能必不可少。目前，设区市一级的政府门户网站整体上检索功能较好，但部分县（市、区）政府门户网站尚不具备信息检索功能，或者检索功能仅是"形式"甚至长期处于"系统升级"中。这样的情况应予以重视，并尽快优化。

第四，对基层开展营商环境法律服务工作的效能定期进行第三方评价，并公开发布评价结果，充分发挥第三方评价的督促和引导作用，进一步转变工作作风、提高工作效率。

第三章 县（市、区）司法行政服务营商环境宣教工作开展情况评估

营商环境是指伴随企业活动整个过程（包括从开办、营运到结束的各环节）的各种周围境况和条件的总和，包括影响企业活动的社会要素、经济要素、政治要素和法律要素等，是一个国家或地区有效开展国际交流与合作、参与国际竞争的重要依托，是一个国家或地区经济软实力的重要体现，是提高国际竞争力的重要方面。[①]

中共中央、国务院高度重视优化营商环境工作，作出重要部署。浙江是民营经济大省，民营经济占比全国最高，优化营商环境对浙江经济发展的积极意义尤为突出。《2018年浙江省政府工作报告》聚焦竞争力，明确提出"以优质服务打造最佳营商环境"。为贯彻落实省委省政府工作部署，进一步发挥司法行政职能作用，助推浙江打造最佳营商环境工作，浙江省司法厅印发《行动方案》，决定在全省开展为期一年的"打造最佳营商环境法律服务专项行动"。专项行动涵盖七大行动三十二项具体任务；其中，"实施营商环境法治保障行动"位列第一。根据

---

① 广东省发改委：《〈建设法治化国际化营商环境五年行动计划〉解读》，南方网，2015年1月23日，http://news.southcn.com/zhuanti/2015gzlj/ywsd/content/2015-01/23/content_116976991.htm，最后浏览日期：2019年7月18日。

《行动方案》，其具体任务包括加强营商环境法治宣传，即按照"谁主管谁负责""谁执法谁普法"的普法责任制要求，指导相关主管部门紧扣企业在投资设立、经营管理、合同履行、关停并转等环节的法律需求，开展专项法律法规宣传、法律知识教育活动。

蓝图既定，关键在落实。"实施营商环境法治保障行动"的着眼点在于各项制度规范的落实或执行。因此，项目组在一级指标"营商环境法治保障"之下设置二级指标"专项法律法规宣传、法律知识教育活动开展情况"，并具体借助"各地优化营商环境法律服务实践被'之江法云''浙江普法''省司法厅网站'宣传报道情况"和"各地司法局微信公众号与部门网站报道营商环境法治保障工作情况"等两项三级指标展开评估，试图了解制度运行情况。以下结合浙江省营商环境法律服务效能评估的大背景，就其总体思路、测评实践、测评结果与分析以及有关的对策建议等逐一详解。

一 评价总体思路

浙江省营商环境法律服务效能评估，总体遵循典型性（重点选择反映营商环境法律服务客观状态和动向的核心指标）、平衡性（以现行统计数据和客观资料能够反映且可采集的数据为主，辅之以少量的主观性指标）、综合性（参考浙江行之多年且卓有成效的法治政府建设考核评价体系，统筹兼顾各方利益，综合司法行政机关内部评价、第三方评价及社会满意度测评）、实效性（着重对既有各项规范制度落实情况进行测评）、开放性（评价指标体系是一个开放系统，各项指标既能保持一定的稳定性，又可以根据实践需要不断调整，既可用于本次测评，也可在修改后应用于后续跟踪测评）和可操作性（评价指标的选择既考虑与营商环境法律服务的关联度，又考虑其可评价性以及指标获取的便利性）等六项基本原则。就此次测评的"营商环境法治保障"之子项指标"专项法律法规宣传、法律知识教育活动开展情况"而言，在终端测评指标拟定中主要遵循如下原则。

（一）立足当下，突出实然

营商环境归根到底是法治环境。良好法治环境的形成离不开法治宣传教育。中共中央办公厅、国务院办公厅 2017 年 5 月印发《关于实行国家机关"谁执法谁普法"普法责任制的意见》，强调"把法治宣传教育融入法治实践全过程，在法治实践中加强法治宣传教育""努力提高国家工作人员法律素质，增强社会公众的法治意识""提高社会公众对相关法律法规的知晓度"。开展专项法律法规宣传、法律知识教育活动既是《行动方案》明确布置的任务，更是创造性贯彻中央精神、培育法治意识，以及优化营商环境的必然要求。此项任务的完成主要借助于各项具体制度和措施的落实或执行。测评旨在通过各项制度和措施的落实情况获取此项任务成效；因此，相关次级评价指标的设定紧紧围绕制度落实这一关键展开。

伴随信息革命的飞速推进，互联网正在全面改变人们的生产生活方式，立基于互联网普及和网络信息技术发展的新媒体，作为信息传播的新渠道，引发了传播格局的根本性变革，在一定程度上冲击了传统媒体在人们心目中的主导地位，并逐渐成为法治宣传教育的新阵地。在充分利用传统普法平台的基础上，更要运用好新时代的新媒体新技术，开展"互联网＋"法治宣传教育，也是推动新时代法治宣传教育新发展的必然之路。[①] 基于网络留痕以及政务公开的制度运行，开展专项法律法规宣传、

[①] 赵大程：《推动新时代法治宣传教育新发展》，《学习时报》2018 年 3 月 7 日第 5 版。

法律知识教育活动次级指标的测评，主要采用网络信息检索法，即通过搜索引擎、政府网站、微信公众号等方式搜集被评估对象发布的政务信息，了解其是否开展相关活动。此项测评方法成本低、调查范围广、可操作性强，顺应了"互联网＋政务"之政府数字化转型大势。具体而言，专项法律法规宣传、法律知识教育活动子项指标，根据浙江司法行政工作实际，又进一步分解为"各地实践被'之江法云''浙江普法''省司法厅网站'宣传报道情况"和"各地司法局微信公众号与部门网站报道营商环境法治保障工作情况"等两项指标予以测评，其目的在于立足现有制度和措施的贯彻落实，掌握营商环境法治宣传工作开展的实际情况。

（二）内外结合，统筹兼顾

项目组拟定的营商环境法律服务测评体系，融合政府内部评估（主要由司法行政机关进行）、专业机构评估和社会满意度测评三个维度，兼具三方视角，创造性地贯彻落实浙江所拟建立的"政府绩效评价＋第三方评价＋群众满意度评价"精准评价体系。"专项法律法规宣传、法律知识教育活动开展情况"指标的设计贯彻了这一思想。一方面，"各地实践被'之江法云''浙江普法''省司法厅网站'宣传报道情况"和"各地司法局微信公众号与部门网站报道营商环境法治保障工作情况"主要由第三方评估机构通过网络检索方式搜集相关信息，然后按照科学的评估规则和标准进行筛选、整理、认定和赋分，既能确保评估的中立性，又能增强其专业性，促进评估结果更为科学公正合理，也在一定程度上彰显司法行政机关的谦抑；另一方面，前列指标之信息源或已为司法行政机关掌握，或由司法行政机关进行收集、整理、统计、分析等更为妥当，故在第三方评估的基础上辅之以司法行政机关自评或者第三方评估机构评估过程中取得司法行政机关的配合与支持，不仅能够大幅度降低测评成本，提高测评效率，也有利于司法行政机关及时督促检查相关工作部署的落实情况，从而自上而下推动工作落地生根。因此，项目组在具体测评过程中，不会忽视司法行政机关内部测评，始终坚持内外结合，尽力做到统筹兼顾。

（三）对标世行，留足空间

《行动方案》紧紧围绕司法行政工作展开，固然符合方案制订时的司法行政部门职能定位，但随着《2018年浙江省机构改革方案》的获批，以及机构改革与职能调整的陆续展开，司法行政职能会有所扩展。因此，本次测评不局限于机构改革前的司法行政工作，还倾向于立足"大法务"或广义的法治概念，适当拓展评价空间。"专项法律法规宣传、法律知识教育活动开展情况"虽主要测评《行动方案》的落实情况，但也通过《行动方案》间接测评各地落实中央提出的"谁普法，谁执法"普法责任制情况。如此，既可满足当年度评价需求，也为今后持续开展范围更广、影响力更大的营商环境法律服务评估留足空间、积累数据。世界银行自2002年起每年发布全球《营商环境报告》，覆盖全球190个主要经济体，已成为营商环境评价领域的权威资料。项目组在设计浙江省营商环境法律服务评价指标体系时，主动探索对标《营商环境报告》，将其先进理念和方法应用于或融会于测评之中。在对"各地优化营商环境法律服务实践被'之江法云''浙江普法''省司法厅网站'宣传报道情况"和"各地司法局微信公众号与部门网站报道营商环境法治保障工作情况"测评的赋分环节，项目组重点借鉴了世界银行广泛采用的前沿距离分数法（Distance to Frontier，DTF测评法）对各测评对象得分进行归一化处理，以期提升测评结果的信度和效度。

二 评价指标、评价方法与评价过程

如前所述，此次评价指标体系主要依托《行动方案》提炼，主要测评各地司法行政系统服务营商环境的主动性及成效，指标体系总权重80分，其中，司法行政系统自评和专业测评权重各40分；另外尚有20分权重赋予社会满意度调查（主要是各地民众对当地营商环境的满意度）。"专项法律法规宣传、法律知识教育活动开展情况"属于专业测评指标体系中一级指标"营商环境法治保障"下设的二级指标，权重为4分，占所在一级指标总权重的比例为36.4%，占整个专业测评指标总权重的比例为10.0%，其下设两个三级指标，即"各地优化营商环境法律服务实践被'之江法云''浙江普法''省司法厅网站'宣传报道情况"和"各地司法局微信公众号与部门网站报道营商环境法治保障工作情况"，权重均为2分。

（一）评价指标及解释

1. 各地实践被主要普法平台宣传报道情况

本指标主要测评各县（市、区）司法行政服务营商环境的实践是否被"之江法云""浙江普法""省司法厅网站"报道，以及报道的数量。"之江法云"和"浙江普法"微信公众号，以及省司法厅网站是浙江司法行政系统权威性网络平台，其各自开设相关专题或栏目，定期或者不定期地报道各县（市、区）政府或部门（包括司法行政机关）从事推动营商法治环境宣传教育工作的情况。某一县（市、区）政府或部门的工作情况能够被前述平台报道（包括转载、采用等），在某种程度上说明其工作富有成效或者具有鲜明特色，也从另一个侧面反映了当地政府或相关职能部门推动营造良好营商法治环境的力度。

总体而言，本指标兼具主动性与被动性，主动性在于各地营商法治宣传教育活动无疑是各地政府或相关职能部门主动谋划、积极推进、狠抓落实所取得的成果，体现了被测评对象积极主动作为的一面；被动性则表现在地方政府或相关职能部门的实践是否典型、是否具有特色，是否已经取得或者将来可能取得成效，其审核、判断的标准主要掌握在报道方或采用方一侧，是否选取、是否报道具有一定的被动性。作为政务媒体，其选题更加强调特色，且更注重宣传性。① 因此，被动性的部分负面影响会因其政务媒体的定位而有所消解，这也是选择政务媒体报道情况作为评估依据的主要原因。

2. 各地官方网络媒体报道营商环境法治保障情况

本指标主要测评各县（市、区）司法行政机关的微信公众号以及网站（页）发布当地法律服务营商环境新闻报道情况，借以了解各地营商环境法治宣传氛围。与各地实践"被"前述平台报道的"被动性"不同，本指标具有更强的主动性，被测评的各地政府或者司法行政机关对本县（市、区）有关营商环境法治保障的工作实践主动进行的报道，如何选择（评判）、是否报道、报道什么，均由地方政府及司法行政部门决定。

作为县域范围内权威性的普法宣传平台，司法局微信公众号和网站报道的营商环境法治保障的信息越多，通常意味着当地开展营商环境法治保障宣传活动的频次越高、力度越大。作为塑造受众认知图像的重要方式，大众传播的报道量同信息量成正比。② 因此，考虑到人力、物力限制，以及基础信息获取的便利性，项目组谨以各地信息的报道量作为测评指标，以求"以小见大"。当然，为保障公正性、严谨性，具体认定时，还应严格把握好"相关度"，相关信息报道等与营商环境法治保障不相关或相关度不高的，一律不纳入统计范围。

---

① 申政、秀梅：《政务微信公众号选题策划研究》，《新闻论坛》2019 年第 4 期。

② 孙晓光：《新闻信息量真值涵义及增值途径》，《中国广播电视学刊》1992 年第 6 期。

(二) 评价方法及说明

1. 各地实践被主要普法平台宣传报道情况评价方法

对本指标，项目组主要采用网络检索法和DTF测评法，具体方法为：检索"之江法云""浙江普法"微信公众号和浙江省司法厅部门网站2018年度发布的所有报道，按照报道对象对应的县（市、区）分类统计，横向比较后按照权重分配计算分数。具体操作方法为：被录用或者被报道数量最多的县（市、区）为全权重，得到该项满分，其他被测评对象的得分按比例折减，例如：该项指标权重为2，A县司法局的表现最佳，得2分，B县司法局各项任务的完成度只有A县的80%，那么，B县司法局专业机构评估最终得分为2×80%权重＝1.6分。

2. 各地官方网络媒体报道营商环境法治保障情况评价方法

本指标具体测评方法亦为网络检索法和DTF测评法。具体操作上则分为两个维度：一是借助自媒体平台（各地司法局官方微信公众号，即"××普法"）检索其新闻报道，选择其中有关营商环境的新闻报道予以统计；二是通过政府官网进行检索，选择其中有关营商环境的新闻报道，予以统计。这里需要特别说明的是：根据《政府网站发展指引》要求，"县级以上各级人民政府及其部门原则上一个单位最多开设一个网站，县级政府部门原则上不开设政府网站，通过县级政府门户网站开展政务公开，提供政务服务"。实测中，项目组发现部分县（市、区）司法局的部门网站已整合至县级政府门户网站，因此，相关信息主要是借助县级政府门户网站进行检索。各地司法局微信公众号和网站被纳入统计的报道总篇数是测评赋分的基本依据。具体赋分方式仍采用DTF测评法，即各地横向比较后按照权重分配计算分数。

(三) 评价过程及问题

1. 各地实践被主要普法平台宣传报道情况评价过程

各地实践被主要普法平台宣传报道情况,主要选择了浙江省司法厅部门网站、"浙江普法"和"之江法云"微信公众号,因此,此处主要针对前述三大普法平台进行说明。

其一,浙江省司法厅部门网站(见图3-1)。检索路径:先以"营商"为关键词在部门网站进行检索,后用"高级检索"把时间限制在2018年1月1日到2018年12月31日,以时间进行倒排序。采用报道:一是以"营商"为题目和内容的报道;二是标题中包括但不限于"企业""公司""企业金融风险""扫黑除恶"等关键词的报道。此部分报道不含"营商"字眼,但与营商环境密切相关,其内容与"营商"类报道相近;其他"营商"类报道只是在报道中加了"营商"二字,而无实质性内容,予以排除。

图 3-1 浙江省司法厅部门网站检索

其二,"浙江普法"(见图3-2)。检索路径:微信关注"浙江普法"微信公众号,通过阅读全部文章进入检索页面,以"营商"等为关键词在微信公众号搜索栏中进行检索,浏览全部相关文章。采用报道:文本内容中包含但不限于"营商""企业""公司""惠企""便企"等信息，均予以采纳。

图 3-2 "浙江普法"微信公众号检索

其三，"之江法云"（见图 3-3）。检索路径：微信关注"之江法云"微信公众号，进入查看所有微新闻，时间范围从 2018 年 1 月 1 日到 2018 年 12 月 31 日。由于"之江法云"每一期"微新闻"后面所附的目录包含了"之江法云""微普法""微网站"等各栏目的所有文章，故先查阅从 2018 年 1 月 1 日到 2018 年 12 月 31 日所有各期"微新闻"所附目录，对目录所附文章根据标题进行初步的人工筛选，然后按图索骥，打开相应各期文章，查看内容，符合要求的采用，并予以截图留痕。采用报道：标题一般含有"营商""公证""老赖""惠企""企业""公司""非公经济""微商""贩卖""工伤""劳动合同""海外调解""老板""工程""生意""非法集资""担保""金融风险""民间借贷""买卖合同""广告""消法""农民工""讨薪""欠薪""刷单""商标""反洗钱"等关键词，点击进入,查看内容,人工识别,与营商环境法治保障关联度较高的予以采纳,反之则否。

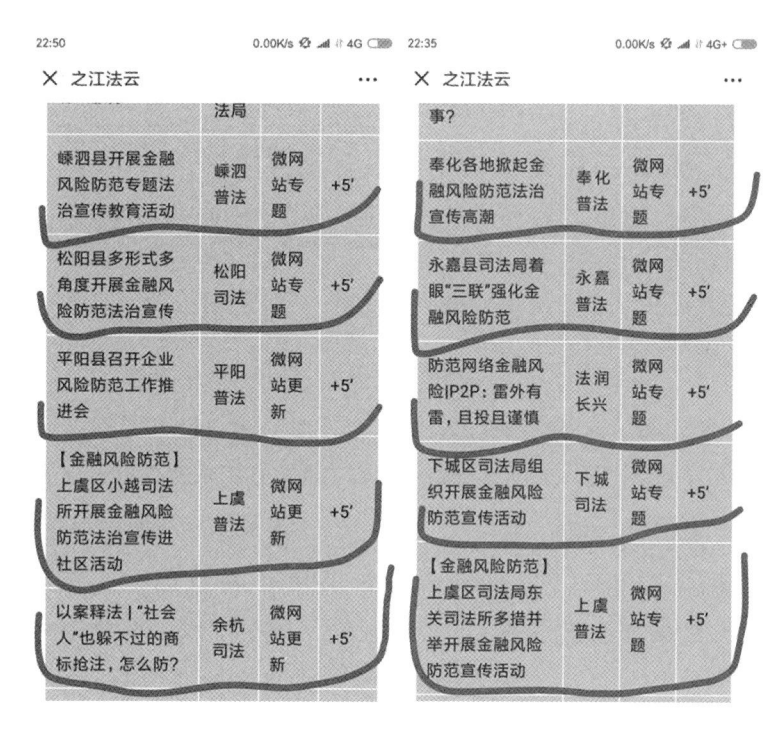

图3-3 通过"之江法云"微信公众号的"微新闻"栏目所附目录检索示例

2. 各地实践被主要普法平台宣传报道情况评价过程中发现的问题

其一,关于采用报道内容的甄别。本项指标旨在评估各县(市、区)政府或部门(包括司法行政机关)从事推动营商环境法律服务相关工作实践是否被"之江法云""浙江普法""省司法厅网站"报道或采用等情况。其难点在于如何判断前述平台刊发信息是否属于"县(市、区)政府或部门(包括司法行政机关)从事推动营商环境法律服务相关工作实践"。对此并无恒定的客观标准,判断权具有很大的裁量性。此次测评,考虑到"营商"概念内涵与外延的宽泛性,为尽可能覆盖"营商"

所涉及的各领域、各环节，检索信息的过程中，关键词不局限于"营商"二字，还包括"企业""公司""惠企""便企"等多个涉及"营商"的关联词，而内容则广泛涉及"公证、老赖、惠企、企业、入企、公司、打黑除恶、非公经济、微商、贩卖、工伤、劳动合同、海外调解、老板、工程、生意、非法集资、担保、金融风险、民间借贷、买卖合同、广告、消法、农民工、讨薪、欠薪、刷单、商标、反洗钱"等与营商直接或者间接相关的多个方面、多个领域。

其二，关于"之江法云"微信公众号"微新闻"栏目所附目录。在对"之江法云"的测评中，项目组发现"之江法云"每期的"微新闻"最后都会附一个目录，该目录所列文章基本涵盖了"之江法云"上所有报道类文章。其中，这些文章主要来自三个渠道："微新闻"、"微普法"以及"微网站专题"，而诸如"法律服务民营企业"等专栏文章亦涵盖其中；并且每篇被采用的文章都会被注明"加分情况"，被加分"5分""8分""20分"不等。对此，在测评过程中，项目组有如下考量：一是每篇文章内容不同，与司法行政服务营商环境这一主题的关联度不同，耗费司法行政机关的时间和精力不同，再加之在微信公众号出现的版面以及被阅读到的概率不同，进而宣传的受众和效果也不同，是否有必要根据这些因素，参照省司法厅的赋分规则赋予不同类型的文章不同分值权重？二是既然"之江法云"对采纳各地司法局的新闻报道每期都有统计、有赋分，逻辑上已经形成完备可靠的基础数据，该项指标交由省司法厅自评是否更为合理？"微新闻""微普法"栏目的文章在"之江法云"公众号的首页，可以比较便捷地阅读，而"法律服务民营企业"专栏则须先点击进入某一期"微新闻""微普法"界面，下拉到文章底部，选择"阅读原文"，才会跳转到之江法云的完整版首页，再选择进入"法律服务民营企业"等专栏，才能阅读相应文章，这样的检索或者阅读方式非常不便，公众很难"找得到",阅读体验感较差。目录中来自"微网站专题"的文章,则没有直接的链接,除了要通过"阅读原文"跳转至完整版首页外,还须进入"新媒矩阵",再选择相应的各地司法局微信公众号,关注后人工浏览,或者搜索相应报道才能阅读到。如此,费时费力,公众体验感极差,宣传效果无从谈起。因此,增强政务微信公众号的亲和力,提升其用户体验感,或是当务之急。

其三,关于"浙江普法"和"之江法云"之间的关系。"浙江普法"和"之江法云"微信公众号均系浙江省司法厅开通、运营,但在评估中发现,两个公众号各自功能定位和具体分工尚不明确,多有重合之处,不仅不能做到优势互补,反而可能对关注和阅读的公众造成困扰。

其四,关于"之江法云""浙江普法"两个微信公众号与省司法厅网站重复报道的处理。鉴于测评的主要目的是了解各地推动营商法治环境改善、部署相关工作实践被宣传报道情况,重在宣传、营造氛围,不同宣传渠道有不同宣传作用,即便同一篇报道被两个或者三个平台同时报道,我们仍全部纳入统计范围,但对于同一媒体上的重复报道,如"之江法云"的"微新闻"栏目和"微网站专题"都报道的,则仅统计为一篇。"微网站专题"上的报道不能直接在"之江法云"阅读,"之江法云"对其加分也较被其他栏目采用的报道少,项目组也曾考虑将之排除在统计范围之外,或者赋予其较小的权重,但从内容来看,该栏目的文章与营商环境的契合度并不比其他栏目低,而"之江法云"也明确"采用"了,故仍纳入统计,且不作区别对待。

3. 各地官方网络媒体报道营商环境法治保障情况评价过程

其一,各地司法局微信公众号。检索路径:微信关注并进入"之江法云"微信公众号(见图3-4),利用"新媒矩阵"栏目获取各县(市、区)司法局微信公众号,下拉至"全部消息",点击进入搜索界面,使用"营商""企业""打黑""金融风险"等关键词进行检索,选取2018年度相关报道,并予以截图保存。采用报道:一是以当地司法行政机关为主体、以"营商"为标题和内容的报道;二是以当地司法行政机关为主体,标题中含"惠企""助企"等关键词的报道以及内容是关于打黑除恶、务工人员讨薪、金融风险防范等的报道(此部分报道不含"营商"字眼,但内容实为当地司法行政机关服务营商环境的举措)。

图3-4 "之江法云"微信公众号及其"新媒矩阵"栏目界面

其二,各地司法局网站。检索路径:优先选择相对独立的司法局网站(页),途径有二:一是通过设区市司法局的网站链接进入,二是通过所在县(市、区)政府门户网站链接进入;在没有相关链接的情况下,退而求其次,通过当地政府门户网站"信息公开""机构设置"等栏目寻找司法局网站(页)。进入相应网站（页）后，有检索功能的利用检索功能，以"营商""企业"等关键词进行检索；无检索功能的，全面浏览相关栏目内容，人工识别后，对涉及营商环境法治服务的信息报道予以截图保存；相关板块无相关信息报道的，则通过政府门户网站首页的搜索功能，以"营商""司法"等为关键词进行检索，如有属于当地服务营商环境的信息，则予以统计并截图保存（见图3-5）。从检索结果来看，大部分县（市、区）政府门户网站或者设区市司法局网站均无下属的司法局部门网站（页）链接（当然，这与当前各地按照《政府网站发展指引》纷纷清理政府存量网站的专项行动有关），很多县（市、区）仅能在政府门户网站"信息公开"等栏目中检索到少量的司法行政信息，如杭州市西湖区政府门户网站的"部门网站链接"便无司法局链接，仅能从"透明政府—组织机构"中找到区司法局，进而搜索到有限信息。

图3-5 通过杭州市西湖区政府门户网站搜索功能检索营商环境相关信息

4. 各地官方网络媒体报道营商环境法治保障情况评价过程中发现的问题

其一，关于各地司法局微信公众号。"之江法云"微信公众号中"新媒矩阵"栏目收录的各地司法局微信公众号不全,个别地区未收录,如开化县微信公众号"钱江源普法快车"。此种情况下,需要借助微信公众号查找功能,以"开化司法"或者类似关键词进行检索,查找公众号;如仍然不能找到,则借助微信的检索功能,以"开化""司法"等为关键词检索,大量相关文章出自同一公众号的,该公众号极有可能为官方公众号,打开文章,进入公众号,核对其主体或者举办方(责任方),即可认定。此外,部分地方司法局在微信平台有两个微信公众号,且两个公众号均被"新媒矩阵"吸纳,如苍南县司法局拥有的"苍南司法"和"玉苍说法",虽有重复报道之嫌,但鉴于多一个公众号即多一个传播渠道,相关报道被公众关注和阅读的概率可能会增加,因此,即便两个公众号上的报道偶有重复,此次评估仍各自纳入统计范围。

其二,关于各地司法局网站(页)。从检索结果来看,大部分县(市、区)政府门户网站或者设区市司法局网站均未建立专门的司法局网站(页)链接,很多县(市、区)仅能在政府门户网站"信息公开"等栏目中检索到少量司法行政信息,如杭州市西湖区政府网站的"部门网站链接"便没有司法局,仅能从"透明政府—组织机构"中找到区司法局,搜索到有限信息。然而,即便是在政府门户网站有相对独立网站(页)的司法局,其独立网页上检索到的关于营商环境法律服务的文章和报道的数量有可能比从其政府门户网站"信息公开"等栏目检索到的要少,如台州市黄岩区司法局。

三 评价结果及其分析

(一)评价得分情况

1. 各地实践被主要普法平台宣传报道得分情况

评价结果显示(见表3-1),89个县(市、区)本项指标

第三章 县（市、区）司法行政服务营商环境宣教工作开展情况评估

平均得分只有0.80分，得分率仅为39.94%，低于纳入评估的13个三级指标（含一个加分指标）的平均得分率46.07%。表现最佳的绍兴市上虞区共被报道21篇，得满分2分；表现最差的天台县被报道篇数为0篇，该项指标得分为0分。排名前十位的县（市、区）分别为绍兴市上虞区、温州市鹿城区、平湖市、台州市黄岩区、杭州市萧山区、余姚市、瑞安市、苍南县、杭州市余杭区、慈溪市/宁波市江北区（并列第十），其平均被报道17.45篇，平均得分1.68分；排名后六位的依次是天台县、永康市、杭州市滨江区、台州市路桥区、磐安县、永嘉县，其平均被报道1.33篇，平均得分0.13分。

表3-1　　　　　各县（市、区）得分情况

序号	2	3
一级指标与权重	营商环境法治保障（11分）	
二级指标与权重	专项法律法规宣传、法律知识教育活动开展情况（4分）	
三级指标与权重	各地优化营商环境法律服务实践被"之江法云""浙江普法""省司法厅网站"宣传报道情况（2分）	各地司法局微信公众号与部门网站报道营商环境法治保障工作情况（2分）

司法行政服务营商环境效度测评之专业指标2和3

序号	测评对象	之江法云	浙江普法	省司法厅网站	总篇数	分数	各地司法局微信公众号	各地司法局网站	总篇数	分数
1	杭州市萧山区	14	0	3	17	1.62	2	6	8	0.53
2	余杭区	11	1	2	14	1.52	19	4	23	1.53
3	西湖区	1	0	3	4	0.38	4	4	8	0.53
4	滨江区	0	0	1	1	0.10	3	2	5	0.33
5	上城区	7	1	2	10	0.95	3	3	6	0.40
6	下城区	6	0	1	7	0.67	8	4	12	0.80
7	富阳区	4	0	2	6	0.57	7	3	10	0.67

续表

司法行政服务营商环境效度测评之专业指标 2 和 3

<table>
<tr><th colspan="2">指标</th><th colspan="5">序号</th><th colspan="4">2</th><th colspan="4">3</th></tr>
<tr><td colspan="2">一级指标与权重</td><td colspan="9">营商环境法治保障（11 分）</td></tr>
<tr><td colspan="2">二级指标与权重</td><td colspan="9">专项法律法规宣传、法律知识教育活动开展情况（4 分）</td></tr>
<tr><td colspan="2">三级指标与权重</td><td colspan="4">各地优化营商环境法律服务实践被"之江法云""浙江普法""省司法厅网站"宣传报道情况（2 分）</td><td colspan="4">各地司法局微信公众号与部门网站报道营商环境法治保障工作情况（2 分）</td></tr>
<tr><th rowspan="2">序号</th><th rowspan="2">测评对象</th><th colspan="3">篇数</th><th rowspan="2">分数</th><th colspan="3">篇数</th><th rowspan="2">分数</th></tr>
<tr><th>之江法云</th><th>浙江普法</th><th>省司法厅网站</th><th>总篇数</th><th>各地司法局微信公众号</th><th>各地司法局网站</th><th>总篇数</th></tr>
<tr><td>8</td><td>江干区</td><td>2</td><td>0</td><td>3</td><td>5</td><td>0.48</td><td>8</td><td>1</td><td>9</td><td>0.60</td></tr>
<tr><td>9</td><td>临安区</td><td>2</td><td>0</td><td>1</td><td>3</td><td>0.29</td><td>6</td><td>1</td><td>7</td><td>0.47</td></tr>
<tr><td>10</td><td>拱墅区</td><td>4</td><td>0</td><td>0</td><td>4</td><td>0.38</td><td>0</td><td>11</td><td>11</td><td>0.73</td></tr>
<tr><td>11</td><td>桐庐县</td><td>5</td><td>0</td><td>2</td><td>7</td><td>0.76</td><td>5</td><td>3</td><td>8</td><td>0.53</td></tr>
<tr><td>12</td><td>建德市</td><td>7</td><td>0</td><td>0</td><td>7</td><td>0.67</td><td>9</td><td>13</td><td>22</td><td>1.47</td></tr>
<tr><td>13</td><td>淳安县</td><td>2</td><td>0</td><td>1</td><td>3</td><td>0.38</td><td>3</td><td>3</td><td>6</td><td>0.40</td></tr>
<tr><td>14</td><td>宁波市鄞州区</td><td>14</td><td>0</td><td>1</td><td>15</td><td>1.43</td><td>11</td><td>3</td><td>14</td><td>0.93</td></tr>
<tr><td>15</td><td>慈溪市</td><td>10</td><td>2</td><td>4</td><td>16</td><td>1.52</td><td>17</td><td>4</td><td>21</td><td>1.40</td></tr>
<tr><td>16</td><td>北仑区</td><td>9</td><td>0</td><td>1</td><td>10</td><td>0.95</td><td>12</td><td>3</td><td>15</td><td>1.00</td></tr>
<tr><td>17</td><td>海曙区</td><td>5</td><td>0</td><td>2</td><td>7</td><td>0.67</td><td>2</td><td>10</td><td>12</td><td>0.80</td></tr>
<tr><td>18</td><td>余姚市</td><td>12</td><td>1</td><td>4</td><td>17</td><td>1.62</td><td>1</td><td>6</td><td>7</td><td>0.47</td></tr>
<tr><td>19</td><td>镇海区</td><td>6</td><td>0</td><td>3</td><td>9</td><td>0.86</td><td>3</td><td>5</td><td>8</td><td>0.53</td></tr>
<tr><td>20</td><td>奉化区</td><td>3</td><td>0</td><td>3</td><td>6</td><td>0.57</td><td>4</td><td>1</td><td>5</td><td>0.33</td></tr>
<tr><td>21</td><td>宁海县</td><td>2</td><td>0</td><td>1</td><td>3</td><td>0.29</td><td>3</td><td>1</td><td>4</td><td>0.27</td></tr>
<tr><td>22</td><td>象山县</td><td>6</td><td>0</td><td>1</td><td>7</td><td>0.67</td><td>1</td><td>3</td><td>4</td><td>0.27</td></tr>
<tr><td>23</td><td>江北区</td><td>14</td><td>0</td><td>2</td><td>16</td><td>1.52</td><td>11</td><td>10</td><td>21</td><td>1.40</td></tr>
<tr><td>24</td><td>温州市鹿城区</td><td>14</td><td>2</td><td>3</td><td>19</td><td>1.81</td><td>2</td><td>1</td><td>3</td><td>0.20</td></tr>
<tr><td>25</td><td>乐清市</td><td>5</td><td>1</td><td>3</td><td>9</td><td>0.86</td><td>20</td><td>2</td><td>22</td><td>1.47</td></tr>
<tr><td>26</td><td>瑞安市</td><td>15</td><td>0</td><td>2</td><td>17</td><td>1.62</td><td>12</td><td>3</td><td>15</td><td>1.00</td></tr>
</table>

第三章 县（市、区）司法行政服务营商环境宣教工作开展情况评估

续表

<table>
<tr><td colspan="11">司法行政服务营商环境效度测评之专业指标 2 和 3</td></tr>
<tr><td rowspan="4">指标</td><td colspan="2">序号</td><td colspan="4">2</td><td colspan="4">3</td></tr>
<tr><td colspan="2">一级指标与权重</td><td colspan="8">营商环境法治保障（11 分）</td></tr>
<tr><td colspan="2">二级指标与权重</td><td colspan="8">专项法律法规宣传、法律知识教育活动开展情况（4 分）</td></tr>
<tr><td colspan="2">三级指标与权重</td><td colspan="4">各地优化营商环境法律服务实践被"之江法云""浙江普法""省司法厅网站"宣传报道情况（2 分）</td><td colspan="4">各地司法局微信公众号与部门网站报道营商环境法治保障工作情况（2 分）</td></tr>
<tr><td rowspan="2">序号</td><td rowspan="2">测评对象</td><td colspan="3">篇数</td><td rowspan="2">分数</td><td colspan="3">篇数</td><td rowspan="2">分数</td></tr>
<tr><td>之江法云</td><td>浙江普法</td><td>省司法厅网站</td><td>总篇数</td><td>各地司法局微信公众号</td><td>各地司法局网站</td><td>总篇数</td></tr>
<tr><td>27</td><td>龙湾区</td><td>7</td><td>0</td><td>1</td><td>8</td><td>0.76</td><td>5</td><td>5</td><td>10</td><td>0.67</td></tr>
<tr><td>28</td><td>瓯海区</td><td>13</td><td>1</td><td>1</td><td>15</td><td>1.43</td><td>7</td><td>13</td><td>20</td><td>1.33</td></tr>
<tr><td>29</td><td>苍南县</td><td>17</td><td>0</td><td>0</td><td>17</td><td>1.62</td><td>6</td><td>2</td><td>8</td><td>0.53</td></tr>
<tr><td>30</td><td>平阳县</td><td>9</td><td>0</td><td>4</td><td>13</td><td>1.24</td><td>14</td><td>11</td><td>25</td><td>1.67</td></tr>
<tr><td>31</td><td>永嘉县</td><td>1</td><td>0</td><td>1</td><td>2</td><td>0.19</td><td>16</td><td>4</td><td>20</td><td>1.33</td></tr>
<tr><td>32</td><td>泰顺县</td><td>2</td><td>0</td><td>1</td><td>3</td><td>0.29</td><td>8</td><td>1</td><td>9</td><td>0.60</td></tr>
<tr><td>33</td><td>洞头区</td><td>12</td><td>0</td><td>1</td><td>13</td><td>1.24</td><td>11</td><td>2</td><td>13</td><td>0.87</td></tr>
<tr><td>34</td><td>文成县</td><td>6</td><td>0</td><td>2</td><td>8</td><td>0.76</td><td>6</td><td>1</td><td>7</td><td>0.47</td></tr>
<tr><td>35</td><td>嘉兴市海宁市</td><td>4</td><td>0</td><td>0</td><td>4</td><td>0.38</td><td>4</td><td>1</td><td>5</td><td>0.33</td></tr>
<tr><td>36</td><td>桐乡市</td><td>3</td><td>1</td><td>2</td><td>6</td><td>0.57</td><td>5</td><td>4</td><td>9</td><td>0.60</td></tr>
<tr><td>37</td><td>平湖市</td><td>14</td><td>0</td><td>5</td><td>19</td><td>1.81</td><td>2</td><td>11</td><td>13</td><td>0.87</td></tr>
<tr><td>38</td><td>嘉善县</td><td>6</td><td>0</td><td>4</td><td>10</td><td>0.95</td><td>0</td><td>2</td><td>2</td><td>0.14</td></tr>
<tr><td>39</td><td>南湖区</td><td>7</td><td>0</td><td>2</td><td>9</td><td>0.86</td><td>10</td><td>8</td><td>18</td><td>1.20</td></tr>
<tr><td>40</td><td>秀洲区</td><td>6</td><td>0</td><td>2</td><td>8</td><td>0.76</td><td>14</td><td>16</td><td>30</td><td>2.00</td></tr>
<tr><td>41</td><td>海盐县</td><td>11</td><td>0</td><td>3</td><td>14</td><td>1.33</td><td>18</td><td>11</td><td>29</td><td>1.93</td></tr>
<tr><td>42</td><td>湖州市长兴县</td><td>8</td><td>0</td><td>1</td><td>9</td><td>0.86</td><td>3</td><td>3</td><td>6</td><td>0.40</td></tr>
<tr><td>43</td><td>吴兴区</td><td>2</td><td>1</td><td>0</td><td>3</td><td>0.29</td><td>2</td><td>1</td><td>3</td><td>0.20</td></tr>
<tr><td>44</td><td>德清县</td><td>12</td><td>0</td><td>0</td><td>12</td><td>1.14</td><td>7</td><td>2</td><td>9</td><td>0.60</td></tr>
<tr><td>45</td><td>南浔区</td><td>7</td><td>0</td><td>1</td><td>8</td><td>0.76</td><td>10</td><td>3</td><td>13</td><td>0.87</td></tr>
</table>

续表

司法行政服务营商环境效度测评之专业指标2和3

指标	序号		2					3			
	一级指标与权重		营商环境法治保障（11分）								
	二级指标与权重		专项法律法规宣传、法律知识教育活动开展情况（4分）								
	三级指标与权重		各地优化营商环境法律服务实践被"之江法云""浙江普法""省司法厅网站"宣传报道情况（2分）					各地司法局微信公众号与部门网站报道营商环境法治保障工作情况（2分）			
			篇数					篇数			
序号	测评对象		之江法云	浙江普法	省司法厅网站	总篇数	分数	各地司法局微信公众号	各地司法局网站	总篇数	分数
46	安吉县		11	0	0	11	1.05	7	1	8	0.53
47	绍兴市柯桥区		3	0	1	4	0.38	6	4	10	0.67
48	诸暨市		9	0	0	9	0.86	3	2	5	0.33
49	上虞区		21	0	0	21	2.00	12	4	16	1.07
50	越城区		7	0	3	10	0.95	13	5	18	1.20
51	嵊州市		6	0	0	6	0.57	2	3	5	0.33
52	新昌县		5	0	1	6	0.57	0	9	9	0.60
53	金华市义乌市		9	0	6	15	1.43	6	5	11	0.73
54	永康市		1	0	0	1	0.10	1	2	3	0.20
55	婺城区		3	0	3	6	0.57	1	0	1	0.06
56	东阳市		7	0	3	10	0.95	10	6	16	1.07
57	兰溪市		1	0	2	3	0.29	5	3	8	0.53
58	武义县		7	0	5	12	1.14	0	6	6	0.40
59	浦江县		4	0	4	8	0.76	4	3	7	0.47
60	金东区		6	1	2	9	0.86	1	4	5	0.33
61	磐安县		2	0	0	2	0.19	2	3	5	0.33
62	衢州市江山市		10	0	2	12	1.14	7	10	17	1.13
63	龙游县		2	0	2	4	0.38	10	3	13	0.87

第三章 县（市、区）司法行政服务营商环境宣教工作开展情况评估

续表

司法行政服务营商环境效度测评之专业指标 2 和 3

指标	序号	2	3
	一级指标与权重	营商环境法治保障（11分）	
	二级指标与权重	专项法律法规宣传、法律知识教育活动开展情况（4分）	
	三级指标与权重	各地优化营商环境法律服务实践被"之江法云""浙江普法""省司法厅网站"宣传报道情况（2分）	各地司法局微信公众号与部门网站报道营商环境法治保障工作情况（2分）

序号	测评对象	之江法云	浙江普法	省司法厅网站	总篇数	分数	各地司法局微信公众号	各地司法局网站	总篇数	分数
64	柯城区	7	0	1	8	0.76	6	4	10	0.67
65	衢江区	5	1	0	6	0.57	2	4	6	0.40
66	常山县	2	0	1	3	0.29	1	4	5	0.33
67	开化县	4	1	0	5	0.48	8	5	13	0.87
68	舟山市定海区	5	1	2	8	0.76	10	6	16	1.07
69	普陀区	7	2	0	9	0.86	9	6	15	1.00
70	岱山县	7	1	0	8	0.76	3	2	5	0.33
71	嵊泗县	5	0	0	5	0.48	2	2	4	0.27
72	台州市温岭市	7	0	1	8	0.76	5	7	12	0.80
73	路桥区	2	0	0	2	0.19	4	4	8	0.53
74	临海市	2	1	0	3	0.29	3	2	5	0.33
75	椒江区	12	0	1	13	1.24	7	8	15	1.00
76	玉环市	4	1	4	9	0.86	7	8	15	1.00
77	黄岩区	14	2	3	19	1.81	4	8	12	0.80
78	天台县	0	0	0	0	0.00	1	2	3	0.20
79	仙居县	4	0	0	4	0.38	4	4	8	0.53
80	三门县	8	0	0	8	0.76	3	7	10	0.67
81	丽水市莲都区	9	1	2	12	1.14	5	3	8	0.53

续表

司法行政服务营商环境效度测评之专业指标2和3

指标	序号	2	3
	一级指标与权重	营商环境法治保障（11分）	
	二级指标与权重	专项法律法规宣传、法律知识教育活动开展情况（4分）	
	三级指标与权重	各地优化营商环境法律服务实践被"之江法云""浙江普法""省司法厅网站"宣传报道情况（2分）	各地司法局微信公众号与部门网站报道营商环境法治保障工作情况（2分）

序号	测评对象	之江法云	浙江普法	省司法厅网站	总篇数	分数	各地司法局微信公众号	各地司法局网站	总篇数	分数
82	青田县	0	1	2	3	0.29	3	9	12	0.80
83	缙云县	4	0	4	8	0.76	5	3	8	0.53
84	龙泉市	1	1	1	3	0.29	5	7	12	0.80
85	遂昌县	5	0	2	7	0.67	0	6	6	0.40
86	松阳县	5	0	1	6	0.57	2	4	6	0.40
87	庆元县	6	0	1	7	0.67	1	0	1	0.07
88	云和县	3	0	0	3	0.29	4	2	6	0.40
89	景宁县	5	1	0	6	0.57	3	3	6	0.40
	总平均分					0.80				0.69
	总得分率					39.94%				34.63%

从设区市的整体表现来看，温州市各县（市、区）平均被报道11.27篇，平均得分为1.07分，位列榜首，宁波市、绍兴市分居第二、第三，数据分别为10.60篇（评估平均得分为1.01分）和9.33篇（评估平均得分为0.89分）；排在榜单最后的是丽水市，其所辖各县（市、区）平均被报道6.11篇，平均得分仅为0.58分，次差的分别为衢州市和杭州市，数据分别为6.33篇（评估平均得分为0.60分）和6.77篇（评估平均得分为0.67分）。

从各单项表现来看，各县（市、区）被"之江法云"微信公众号报道平均篇数为6.45篇，平均得分为0.61分，其中，排名前十位的县（市、区）分别为绍兴市上虞区、苍南县、瑞安市、温州市鹿城区、平湖市、台州市黄岩区、杭州市萧山区、宁波市江北区、宁波市鄞州区、温州市瓯海区，平均被报道数为15篇，平均得分为1.43分。"浙江普法"微信公众号报道各地实践的平均篇数仅有0.29篇，平均得分为0.07分。其中，温州市鹿城区、台州市黄岩区、慈溪市、舟山市普陀区等4个区各有2篇，表现最佳，另有18个县（市、区）各有1篇，其余67个县（市、区）则均为0篇。省司法厅网站检索到的关于各地实践的平均报道篇数为1.60篇，平均得分为0.15分。其中，义乌有6篇，平湖市和武义县各有5篇，余姚市、慈溪市、平阳县、嘉善县、玉环市、浦江县、缙云县等各为4篇，另有22个县（市、区）表现不佳，均未曾报道过。

2. 各地官方网络媒体报道营商环境法治保障得分情况

评价结果显示，89个县（市、区）本项指标平均得分只有0.69分，得分率仅为34.63%，低于纳入测评的13个三级指标（含一个加分指标）的平均得分率46.07%。其中，表现最佳的嘉兴市秀洲区共发布报道30篇，赋满分2分；表现最差的金华市婺城区和庆元县仅发布报道1篇，该项指标得分仅为0.07分。排名前十位的县（市、区）分别为嘉兴市秀洲区、海盐县、平阳县、杭州市余杭区、建德市、乐清市、慈溪市、宁波市江北区、温州市瓯海区、永嘉县，平均发布相关报道23.30篇，平均得分1.55分；排名末十位的县（市、区）分别为金华市婺城区、庆元县、嘉善县、温州市鹿城区、湖州市吴兴区、永康市、天台县、宁海县、象山县和嵊泗县，平均发布相关报道2.8篇，平均得分为0.19分。

从设区市的整体表现来看，嘉兴市各县（市、区）平均发布相关报道15.14篇，平均得分为1.01分，位列榜首，位列第二、三名的分别是温州市和宁波市，数据分别为13.82篇

（平均得分为0.92分）和11.1篇（平均得分为0.74分）；排在榜单末尾的是金华市，其所辖各县（市、区）平均发布相关报道6.89篇（平均得分为0.46分），排名倒数第二和第三的分别是丽水市和湖州市，数据分别为7.22篇（平均得分为0.48分）和7.80篇（平均得分为0.52分）。

从各单项的表现来看，各县（市、区）司法局微信公众号刊发相关报道的平均篇数为5.85篇，平均得分为0.39分。其中，排名前十位的县（市、区）分别为乐清市、杭州市余杭区、海盐县、慈溪市、永嘉县、平阳县、嘉兴市秀洲区、绍兴市越城区、宁波市北仑区、瑞安市，平均刊发相关报道15.5篇，平均得分为1.03分；排名末五位的县（市、区）分别为杭州市拱墅区、嘉善县、新昌县、武义县、遂昌县，相关报道的篇数为0，得分为0。此外，还有余姚市、象山县、永康市、金华市婺城区、金华市金东区、常山县、天台县、庆元县等8个县（市、区）仅刊发过1篇报道，得0.07分。各县（市、区）司法局网站报道营商环境法治保障工作的平均篇数为4.54篇，平均得分为0.30分。其中，排名前十位的县（市、区）分别为嘉兴市秀洲区、建德市、温州市瓯海区、杭州市拱墅区、平阳县、平湖市、海盐县、宁波市海曙区、宁波市江北区和江山市，平均刊发报道篇数为11.6篇，平均得分为0.77分；排名最后的是金华市婺城区和庆元县，两地司法局网站均未刊发过相关报道，得分为0分；另有杭州市江干区、杭州市临安区、宁波市奉化区、宁海县、温州市鹿城区、泰顺县、文成县、海宁市、湖州市吴兴区和安吉县等10个县（市、区）仅刊发过1篇报道，得分为0.07分。

（二）评价结果反映出的浙江司法行政服务营商环境宣教取得的成效

1. 思想较重视，行动有落实

根据《行动方案》，实施营商环境法治保障行动的直接目的是在"简政放权"、优化营商环境大背景之下，推动政府相关职能部门根据企业在投资设立、经营管理、合同履行、关停并转等环节的法律需求，开展专项法律法规宣传、法律知识教育活动。司法行政机关作为普法主管机关，又是执法机关，始终坚持把普法融入司法行政业务工作的各环节、全过程。在2018年国务院部署进一步优化营商环境的背景之下，浙江各级司法行政机关充分发挥司法行政职能优势，努力为浙江高质量发展打造最佳营商法治环境。浙江各级司法行政机关主动作为，逐级部署、层层落实，着力发挥法治宣传的基础性、先导性作用，着力为营商环境优化营造良好法治环境。省司法厅微信公众号"之江法云""浙江普法"以及部门网站，均刊登了各地各部门开展以法治为保障优化营商环境的新闻报道、典型案例等，三大平台累计刊发报道742篇；"之江法云"还专门开设"法律服务民营企业"专栏，并对各地报送的相关实践做法甄选、评比，既展现了各地司法行政服务营商环境的好经验、好做法，又增强了法律服务的政治效果和社会效果。所有被评估的89个县（市、区）司法局均开设了微信公众号，部分县（市、区）司法局有两个微信公众号，且绝大多数微信公众号上刊登有1篇以上报道当地营商环境法治保障实践做法的信息，平均刊登5.85篇。其中，乐清市刊发消息最多，达20篇。

2. 宣教体系较完整，宣教渠道较畅通

就评价结果可知，浙江已建立了"省—设区市—县（市、区）"三级营商环境法治保障宣教体系，在宣教渠道上除传统宣教方式之外，还非常重视网络新媒体平台和阵地的作用，全面建立了"新媒体矩阵"，形成了新媒体宣传营商环境法治保障的全方位、多层次、分布式的立体网络。本次测评对象虽然限于"县（市、区）"一级，但是测评过程中，项目组也了解到不少省和设区市司法行政机关的宣教工作体系和渠道的信息。很显然，省市两级司法行政机关不仅自身利用传统和网络新媒体直接发布有关营商环境法治保障的新闻报道,而且将宣教工作纳入对下级司法行政机关考评体系,由上到下,层层推进。其中,"之江法云"微信公众号每期"微新闻"栏目所附的各地实践新闻报道被采纳、加分的公示信息即为明证。更进一步,除却三级宣教体系基本完备之外,各宣教渠道之间相互联通,且运转顺畅、行之有效。以县级司法局为例,其一方面借助本级政府(或政府办)发布文件,将宣教任务分解落实到各乡镇(街道)及司法所;另一方面选取各地实践中的特色、亮点,适时通过本级政府门户网站及自身的政务新媒体自行推送,并及时向上级司法行政机关报送。

3. 各环节均有亮点,多地域彰显特色

测评过程中,项目组发现,无论是各地实践被三大平台宣传采纳或转载,还是各地司法局主动报道营商环境法治保障工作,均有可圈可点之处。省司法厅网站刊登的信息,着眼于内容的重要性、全面性、系统性、独创性,多为围绕营商环境法治服务保障中心工作,具有一定综合性、典型性、示范性,如《义乌市司法局"3+"优化市场营商法治环境》《平湖市司法局"三面聚力"升级"七五"普法效力》《嘉善县司法局"三大工程"打造最佳营商环境》等。"之江法云"微信公众号刊发的信息,形式灵活多样,既有全面深入的总结性的,也有新颖及时、试验性的;既有大处着眼、总揽全局的,也有小处着墨、以小见大的,如《东阳市围绕三重点全力开展打造最佳营商环境法律服务专项行动》《厉害了,海宁进入"机器人普法"新常态》《察企情、保权益、授法理:余姚市司法局护航民营企业健康发展》《聚焦"鄞州无欠薪",法律援助出"五字"实招》。各县(市、区)司法局网站和政务新媒体则更注重抓工作落实,突出地方特色,如《秀洲区"三式联动"助力打造"最佳营商环境"》一文着重介绍了该区开展"点单式"法治宣传服务、"组团式"法律体检服务和"联动式"纠纷化解行动的

情况；又如乐清市司法局开展"营商环境提升年"法治宣传活动，结合地域特色开展企业金融风险防范专题法治宣讲活动；等等。

（三）反映出的浙江司法行政服务营商环境宣教工作存在的问题

1. 重视程度不一，落实力度不均

各地优化营商环境法律服务实践被主要平台宣传报道数量中，最多的绍兴市上虞区有21篇，最少的天台县则为0篇。如前所述，信息被主要平台报道或转载，是纳入上对下的考核指标之中的，例如"之江法云"微信公众号"微新闻"栏目每期公布各地被录用的报道及加分情况，如果某一县（市、区）司法局重视营商环境法治保障宣教工作，肯定会下大力气抓好，即便被录用概率不高，也不至于全年一篇都没有，况且有的地区最多一年能被录用21篇，最佳实践和最差表现之间的差距，背后反映出来的只能是各地重视程度的大相径庭。更进一步，如果说各地实践被主要平台报道数量的多寡反映的主要是各地重视程度问题，那么，各地政务新媒体主动报道本地营商环境法治保障工作开展情况则主要体现为落实力度。嘉兴市秀洲区司法局网站和政务新媒体全年共刊发相关信息30篇，相当于平均每个月就有2—3篇相关报道，而最少的金华市婺城区和庆元县全年仅有1篇，这或者说明当地几乎未开展相关工作，所以几乎没有值得报道的内容；或者说当地对宣教工作不够重视，即便开展了相关工作也未及时报道。在绝大多数情况下，重视程度和落实力度是正相关的，某地越重视营商环境法治保障宣教工作，其落实力度就越大；反之亦然。以被主要平台刊发报道最多的绍兴市上虞区为例，其网站和政务新媒体主动刊发的信息有16篇；而反观天台县，其网站和政务新媒体主动刊发的信息仅有3篇。

2. 体系运转效能不足，渠道利用效率不高

虽然浙江已经基本形成了省、市、县三级营商环境法治保障宣教体系，线上线下各种宣传渠道皆畅通无阻，但是，宣教体系各组成部分的运转效能仍有不足，各渠道利用效率较低。就三大平台而言，微信公众号"之江法云"、"浙江普法"与司法厅网站，分别由司法厅内部不同处室运营，"条条"清晰，但涉及整体工作的"块块"协调不明确，存在重复与窒碍之处。同时，省司法厅部门网站刊发的各地实践仅涵盖了 67 个县（市、区）；而"浙江普法"微信公众号仅报道了 22 个县（市、区），未实现信息报道的全覆盖。此外，虽然各县（市、区）司法局均开通了政务新媒体（主要是微信公众号），但是利用效率不高。2018 年，5 个县（市、区）全年未刊发有关营商环境法治保障的信息，8 个县（市、区）全年仅刊发 1 篇有关营商环境法治保障的信息，各地对利用政务新媒体开展营商环境法治保障工作重要性的认识仍需进一步提升。

3. 多方合力未形成，整体水平待提高

法治化营商环境建设是一项社会整体性系统工程，不能单纯关注某一类型的主体或社会生活的某一方面，而应当充分调动社会、政府、企业、个人各方的积极性。[①] 然而，当前现实是，营商环境法治保障宣教工作几乎全部由政府承担，政府既要组织动员，又要亲力亲为，冲在一线，而企业、个人、社会组织等基本上是被动地等待、接纳政府所营造的良好营商环境，被动地接受政府的宣传教育，其中部分企业、个人、社会组织等甚至还对政府宣教活动予以回避乃至抵触，很少有企业、个人或者社会组织主动向政府提出提升营商环境法治化的意见和建议，更难寻觅其主动承担营商环境法治保障宣教任务的踪影。

[①] 董彪、李仁玉：《我国法治化国际化营商环境建设研究——基于〈营商环境报告〉的分析》，《商业经济研究》2016 年第 13 期。

这样的局面，一方面加重了政府负担，难以形成合力，营造不出良好的营商环境氛围；另一方面，也剥夺了企业、个人和社会组织等主体参与营商环境法治化建设的机会，不利于对其营商环境法治化意识的培养。

四　对策建议

当今时代，区域间的竞争已经由以往单纯依靠拼低成本要素、拼各种优惠政策的单一考量，到拼营商环境、拼政策稳定性、拼法治透明监管环境等综合性考量，营商环境建设已成为地方政府落实全面深化改革部署、优化对外开放新体制、推动区域发展动力转换的重要内容和政策工具，成为提升区域生产力和竞争力的突破口和主抓手。① 市场经济本质上就是法治经济，在优化营商环境视域下，实现法治化营商环境建设就是将应然状态下的"法治化营商环境"建设目标，转化为实然状态下的"营商环境法治化"运作模式，通过在法的运行中内嵌入"优化营商环境"的制度目的，以体系化的法律制度建构实现以自由、公平、秩序与安全为基本导向的法治化营商环境。② 申言之，法治是最好的营商环境，营商环境优化决定了法治建设不仅包含着制度内容，也包含着文化转型和法治精神培育。法治文化是法治的基础，培育法治精神离不开以法治宣传教育为主渠道的社会主义法治文化建设。③ 就此而言，宣教工作在营商环

---

① 娄成武、张国勇：《基于市场主体主观感知的营商环境评估框架构建——兼评世界银行营商环境评估模式》，《当代经济管理》2018年第6期。

② 张盼：《我国企业营商环境法治化保障路径研究》，《人民法治》2018年第19期。

③ 魏建国：《优化营商环境　加强法治精神培育》，《奋斗》2018年第21期。

境法治化建设中的作用与意义重大。只有通过法治宣传教育，才能打造社会主体的独立人格，培养公民良好的权利意识，进而以法治精神凝聚全体公民的价值共识、制度共识和行为共识，引导广大人民群众自觉守法、遇事找法、解决问题靠法，营造出遵法学法守法用法的良好法治氛围，提升全体民众的规则意识，培育全体公民的法治精神，才能从根本上建设与法治精神相一致的法治化营商环境，实现营商环境法治化的目标。为此，结合本次第三方评价过程与结果，项目组认为应从如下三方面提升营商环境法治宣传教育工作的绩效。

（一）转变观念：从被动宣教到主动参与

关于营商环境的概念有多种观点和学说，但是，这些观点和学说无一例外地认同营商环境是一个相较"投资环境"而言更为综合的概念，营商环境建设是一项综合性的社会系统工程。虽然，在某种意义上，营商环境可以说是政府为社会和市场提供的一种公共产品，政府对于营商环境法治化的实现负有不可推卸的责任。但这并不意味着营商环境建设工作需要政府大包大揽、一力承担。事实上，中文词汇中的"营商环境"从最为宽泛的层面讲，是影响企业整个生命周期活动效率、质量的要素综合，是与企业营利活动有关的一切要素综合而成的动态体系，涵盖了影响企业活动的经济、政治、文化、社会乃至环境质量等各方面要素。[①] 与此相应的营商环境法治保障工作也是一项统揽经济、政治、文化、社会乃至环境质量等各方面要素的综合性工作。政府固然应当发挥主导作用，一方面，要善于利用官方宣教系统加强营商环境法治宣传，提升市场主体法律素养；另一方面，还应当尊重市场经济发展规律，尊重市场主体

---

① 王美舒：《营商环境评估：国际实践及其中国启示》，《师大法学》2018年第1期。

的主体地位和自主精神,依靠市场主体自身的力量去推动营商环境法治保障宣教工作。在此过程中,政府要做的是组织与发动企业、个人、社会组织等各个利益相关方参与到营商环境法治化建设的新实践中来,特别是要在营商环境相关法律政策制定及贯彻执行过程中吸收企业家参与、听取企业家意见。

(二) 突出实效:从浅层表象到深入人心

如上所述,浙江已经基本建立了覆盖全部89个县(市、区)的三级营商环境法治保障宣教体系,形成了线上线下各类宣教方式多管齐下的多层次多形式宣教新局面。但是,该体系各组成部分运行效能不足、各渠道利用效率也有待提升。可以说,当前的营商环境法治保障宣教工作进入了一个瓶颈期,"上级很重视、基层很无奈,政府在力推、民间在观望",宣教的"形"早已具备了,但宣教的"神"则相距甚远;宣教的量在增长,但宣教的质尚未完全改变。1969年,美国规划师Sherry Arnstein提出了著名的"公众参与阶梯理论",将公众的参与程度从低到高划分为三个层次、八种形式,最低层次是非参与,其中最低形式是操作性参与,即权力部门或机构事先制订好方案,让公众直接接受方案;较低层次比第一层次参与程度有所提高,权力机关开始将方案的部分信息向公众告知或披露,并将预先制订的方案进行少许的妥协或退让,但这种参与信息的流动基本上是单向的,是从权力机关流向公众,公众缺乏反馈的渠道和谈判的权利,因此,这种参与实际上是一种象征性的参与;最高层次的参与是公众在知情权得到保障的情况下,全程参与、发表看法、共同决策,其最高形式是决策性的参与。[1]借用这一理论提供的分析模型反观浙江实际,可知,浙江当前

---

[1] See Arnstein, Sherry R., "A Ladder of Citizen Participation", *Journal of the American Planning Association*, Vol. 35, No. 4, 1969, pp. 225-227.

营商环境法治宣教水平尚处于象征性的浅层表象阶段，远未达至"内化于心、外化于行"的深入实质阶段。为提升宣教工作实效，真正使法治化营商环境理念深入人心，必须从宣教的内容和形式两个方面下狠功夫。首先，就内容而言，政府推送的信息应当是市场主体最需要的，即以市场主体的需求作为相关信息推送的标准，而不是以政府的好恶或者自身的利益来取舍，凡是有利于市场主体营商的信息，尽可能全面、彻底、无保留地公开宣传，凡是与市场主体营商无关，或者仅仅从形式上彰显政府工作的信息则应适当过滤，避免"信息过载"，让市场主体无所适从。简言之，就是要在法治宣传教育工作中进一步做到科学、精准、高效，推动工作由"大水漫灌"向"精准滴灌"转变。① 其次，就形式而言，应进一步丰富宣教手段，以创新求效用，主动适应以自媒体、融媒体为代表的新闻宣传新格局和以大数据、人工智能为代表的信息技术新发展，改变市场主体对官方媒体墨守成规、刻板一致、千篇一律的固化印象，更多采用互动式、交互式、参与式的宣教方式。

（三）强化评价，从客观形式到主观感知

营商环境评估是评估主体对一个国家或地区的营商环境进行的全面、客观、科学的调查和评价活动。开展营商环境评估的目的是摸清营商环境现状，找出存在问题及关键制约因素，以便下一步有针对性地进行政策干预，促进营商环境的持续优化。② 从国际趋势看，营商环境评估正经历着从全要素评估到制度要素评估，再到法治要素评估的发展历程。我国营商环境评

---

① 赵大程：《推动新时代法治宣传教育新发展》，《学习时报》2018年3月7日第5版。
② 娄成武、张国勇：《基于市场主体主观感知的营商环境评估框架构建——兼评世界银行营商环境评估模式》，《当代经济管理》2018年第6期。

价指标在设计过程中,应有两个面向:其一,在评估技术上,形成对企业经营过程中微观法治环境侧评估;其二,在评估内容上,观照中国国情,直面我国企业在经营过程中遭遇的微观法治难题,并以此为基点,解决中国营商环境问题。① 众所周知,世界银行从2002年开始对全球100多个经济体的营商环境进行排序,对各国吸引投资乃至经济和社会发展,均产生了极其广泛的影响,其发布的全球营商环境报告俨然各国政府寻求营商环境改进的指南。我国政府高度重视世界银行的报告和排名,从中吸取对改善我国营商环境有益的意见和建议。宣教工作是营商环境法治化建设的重要组成部分,其工作绩效的提升亦可借助外部专业而中立的第三方评价主体的评估来达成。整体而言,我国改革开放的过程实际暗含了我国整体营商环境完善的过程,自世界银行开始发布《营商环境报告》以来,我国在"营商环境便利度"排名的名次一直处于上升状态。我国营商环境评估也随着我国市场经济制度的完善而逐渐展开。② 虽然我国政府迄今尚未有统一的营商环境评估指标体系,但学术界和地方政府已有一些理论和实践的成果。由于我国各地存在区位和基础设施、经济发展水平、地域文化以及政府行政文化的差异,各地的营商环境也存在较大差异,推动营商环境评估各有不同的视角和着力点。③ 针对营商环境法治保障宣教工作的第三方评价着力点应当放在市场主体的主观感知上,以市场主体和社会公众的满意度为宣教工作效果的重要判断标准,除了从

---

① 张志铭、王美舒:《中国语境下的营商环境评估》,《中国应用法学》2018年第5期。

② 张志铭、王美舒:《中国语境下的营商环境评估》,《中国应用法学》2018年第5期。

③ 娄成武、张国勇:《基于市场主体主观感知的营商环境评估框架构建——兼评世界银行营商环境评估模式》,《当代经济管理》2018年第6期。

各种渠道收集客观信息之外，还应尽可能结合满意度评估维度，选取一定比例和数量的企业主和社会公众对营商环境法治保障宣教工作的满意度进行测评，从"顾客"的视角把握宣教的效果，并将"顾客"意见反馈给宣教主体，以便宣教主体及时修正和完善宣教方案。

第四章　县（市、区）新媒体平台联动工作机制实施情况评估

　　作为实现政通人和的新亮点，提高政府公共治理能力、推动服务型政府建设的重要途径，政务新媒体得到了政府的高度重视。① 浙江司法行政工作借助浙江互联网大省的独特优势，深化"互联网＋政务"工作，加强了政务网站、政务微博、政务微信等载体阵地建设，高水平谱写新时代浙江司法行政工作新篇章。② 以1993年底"三金工程"③ 正式启动为起点，我国的政府信息化正式起步。经过近30年的发展，浙江政务信息化应用能力不断提升，不仅促进了政府管理创新，而且进一步提高了政务公开工作信息化集中化水平，方便了公众信息获取。具体而言，随着现代信息技术的发展与广泛应用，在浙江，除了门户网站、政府公报等传统渠道外，微博、微信、移动客户端等新媒体平台成为政府信息公开的重要渠道。④

---

① 金婷：《浅析政务新媒体的发展现状、存在问题及对策建议》，《电子政务》2015年第8期。
② 马柏伟：《高水平谱写新时代浙江司法行政工作新篇章》，《中国司法》2017年第12期。
③ "三金工程"是指金桥工程（国家公用经济信息通用网）、金关工程（外贸信息网联网）、金卡工程（金融货币电子化）。
④ 赖瑞洪：《进一步推进浙江省政务公开工作的对策建议》，《党政视野》2015年第6期。

蓬勃发展的政务新媒体，彰显着政府转变职能、打造服务型政府的决心。但是也必须看到，当前，一些地方政府部门对政务新媒体重建设、轻维护；一些地方政府发展政务新媒体，只是为了完成各级政府和单位建设政务新媒体"硬性要求"，或者是追"时髦"而一哄而上。部分政务新媒体的传播力、互动力、服务力不足，甚至变成"僵尸网站""睡眠账号"，既浪费资源，又让政务为民的效果打了折扣。

为此，针对浙江政务新媒体在各级各部门已基本"建好"的基础上，项目组着重评价政务新媒体是否"用好"的问题。2016年8月，《浙江省人民政府办公厅关于2016年第二次全省政府网站抽查情况的通报》明确要求"加强各级政府网站间的协同联动""涉及某个行业或地区的政策信息，有关部门和地方网站要及时转载"。有鉴于此，在2018年浙江司法行政系统打造最佳营商环境法律服务专项行动的新背景之下，项目组以各级司法行政机关的政务新媒体为评价对象，着重了解其对省司法厅专项行动的"协同联动"实效。

一 评估背景

实施法律服务数字化转型行动，是《行动方案》的七大行动之一。《行动方案》进一步明确了这一行动的具体实施内容：深化"最多跑一次"改革、用数字化转型促进法律服务方式方法转型、实现法律服务流程再造、推进公共法律服务智慧运用和完善法律服务网上监管系统等。其中，管好用好各级司法行政机关政务新媒体当然也是法律服务数字化转型行动的题中之意。2018年，《国务院办公厅关于推进政务新媒体健康有序发展的意见》（国办发〔2018〕123号）强调"政务新媒体是党和政府联系群众、服务群众、凝聚群众的重要渠道，是加快转变政府职能、建设服务型政府的重要手段，是引导网上舆论、构建清朗网络空间的重要阵地,是探索社会治理新模式、提高社会治理能力的重要途径"。新时代,包括政府网站、政务微博、政务微信、政务App等在内的政务新媒体,已经成为各级政府发布权威信息、加强政民互动、引导网络舆论、提升社会治理能力的重要组成部分,其运行实效直接关系政府的形象和公信力。打造最佳营商环境法律服务专项行动期间,构建一个上通下达、互联互通、整体发声的协同式政务新媒体矩阵,是司法行政机关高效实施法律服务数字化转型行动的重要支撑、基本保障和载体平台。因此,项目组秉持"制度落地实施"的第三方评价思路,在"法律服务数字化专项"一级指标项下专设"新媒体平台联动工作机制实施"子项指标,并具体测评"各县(市、区)司法局媒体平台对省司法厅重要信息协同发布情况",管中窥豹,借此审视各级司法行政机关在法律服务数字化转型方面的工作成效。

二 指标设置及评估标准

本指标瞄准各县(市、区)司法局网站、政务微博、政务微信等三类主要政务新媒体平台与浙江省司法厅(包括部门网站、政务微博、政务微信等)发布的重要信息的协同联动情况,兼顾各设区市司法局网站信息,重点了解重要政务信息的纵向协同。

(一)设置依据与评估对象

《国务院办公厅关于进一步加强政府信息公开回应社会关切提升政府公信力的意见》(国办发〔2013〕100号)提出,"各地区各部门要进一步加强政府网站建设和管理,通过更加符合传播规律的信息发布方式,将政府网站打造成更加及时、准确、公开透明的政府信息发布平台,在网络领域传播主流声音",

"各地区各部门应积极探索利用政务微博、微信等新媒体，及时发布各类权威政务信息"，强调进一步加强平台建设。

《国务院办公厅关于加强政府网站信息内容建设的意见》就进一步做好政府网站信息内容建设工作提出，"各级政府网站之间要加强协同联动，发挥政府网站集群效应。国务院发布对全局工作有指导意义、需要社会广泛知晓的政策信息时，各级政府网站应及时转载、链接；发布某个行业或地区的政策信息时，涉及的部门和地方政府网站应及时转载、链接"。

《政府网站发展指引》顺应"互联网＋政务服务"的政府网站创新发展新要求，就政府网站的协同联动工作机制进一步提出要求，明确"对上级政府网站和本级政府门户网站发布的重要政策信息，应在 12 小时内转载；需上级政府网站或本级政府门户网站发布的重要信息，应及时报送并协商发布，共同打造整体联动、同步发声的政府网站体系"。

《浙江省全面推进政务公开工作实施细则》（浙政办发〔2017〕42 号）结合浙江实际，就"推进网站之间协同联动"进一步明确，"国务院、省政府通过政府门户网站发布的对全局工作有指导意义、需要社会广泛知晓的重要政策信息，各级政府门户网站和部门网站应及时转载；发布某个行业或区域的政策信息，涉及的相关政府工作部门和下级政府门户网站应及时转载。省政府办公厅将定期对各地、各部门政府网站转载情况进行专项检查"。

由此可知，国务院和浙江省政府就政务新媒体之间的政务信息协同联动已有制度设计，但关键在落实！项目组结合此次评价实际，以《行动方案》或其主要内容作为协同联动的信息模板，评估各县（市、区）司法局网站、政务微博、政务微信等，是否对其进行转载、链接。评估时间为 2018 年 12 月 20 日至 2018 年 12 月 31 日。

（二）评估方法

科学的方法是解决问题的钥匙。本次评价，项目组坚持问题导向与效果导向相统一，因"网"制宜，主要选择网络检索法与网站观察法，评估相关指标的落实情况。以下，结合部门网站、政务微博、政务微信一一进行阐述。其中，如无特别说明，部门网站、政务微博、政务微信的开通或认证主体均为各县（市、区）司法局。

1. 部门网站

《政府网站发展指引》基于网站整合的考虑，明确要求"县级政府部门原则上不开设政府网站，通过县级政府门户网站开展政务公开，提供政务服务。已有的县级政府部门网站要尽快将内容整合至县级政府门户网站。确有特殊需求的县级政府部门，参照部门网站开设流程提出申请获批后，可保留或开设网站"。因此，自2017年至今，原先各县（市、区）司法局独立开设的部门网站，陆续归并至同级政府门户网站；同时，为了相对集中发布县（市、区）政府各职能部门的政务信息，同级政府的门户网站一般开设有所属各职能部门的信息公开专栏（或页面）公布信息。由此，项目组在进行本次评估时，主要通过两种渠道获取各县（市、区）司法局的公开信息：一是选择89个县（市、区）政府门户网站，观察其最下方界面有无"政府部门"链接，如有，点击进入；二是以11个设区市司法局网站为切入口，观察其下方有无"区（市、县）"司法局链接，如有，点击进入。进入县（市、区）司法局部门网站或信息公开页面之后，检索是否转载或链接《行动方案》或其主要内容。

2. 政务微博

新浪微博是目前国内用户最多的微博平台。[①] 第43次《中

[①] 陈艳红、姬荣荣：《中国政务微博的发展现状及对策研究——基于对新浪省级政府微博的网络调查》，《电子政务》2015年第11期。

国互联网络发展状况统计报告》显示，截至2018年12月，经过新浪平台认证的政务机构微博达到138253个。其中，县处级以下政务机构微博为121274个，占比达87.72%。浙江共有政务机构微博7981个。项目组以新浪微博为主，测评各县（市、区）司法局政务微博的信息协同联动情况。具体方法为：进入微博，以89个县（市、区）城市名（包括别名、简称等）为关键词，搜索"××司法"或"××普法"，如有，则点击进入相关微博，搜索是否发布或链接《行动方案》或其主要内容。

3. 政务微信

进入微信，以89个县（市、区）城市名（包括别名、简称等）为关键词，搜索"××司法"或"××普法"微信公众号，如有，关注其公众号，检索历史信息发布情况，是否发布或链接《行动方案》或其主要内容。

本次评价强调客观性，以所选定的《行动方案》政务信息的"有"或"无"作为评价基准。只要部门网站、政务微博、政务微信三个主要政务新媒体平台，任一平台予以转载或链接《行动方案》或其主要内容，即赋权重分；如无，则赋0分。

三 评估结果及分析

（一）评估结果

整体上看，浙江司法行政机关已经建立了以部门网站、政务微博、政务微信为主体的政务新媒体传播平台，但是在平台内容建设和运营方面仍存在不少问题，这一点在《行动方案》的信息协同发布方面尤为明显。

总体而言，89个县（市、区），仅有杭州市西湖区、慈溪市、宁波市奉化区、温州市洞头区、海宁市、玉环市等6个县

(市、区）司法局的政务新媒体转载或链接了《行动方案》，其余83个县（市、区）司法局的政务新媒体则未曾链接或转载，甚或《行动方案》的主要内容也未曾刊登，协同率仅为6.74%。分平台看，前述6个县（市、区）均通过其政务微博转载了微博"浙江普法"关于《行动方案》的解读信息。在部门网站、政务微信两个平台上，则并未转载或链接《行动方案》相关信息。

需要特别指出的是，以"之江法云"为代表的政务微信是司法行政机关打造最佳营商环境法律服务的主要宣传平台。其中，"之江法云"是一个由省、市、县（市、区）、乡镇街道、村（社区）法律顾问五级法律服务组成的微信塔群结构，最先开始在海宁等市试点。2017年，浙江省司法厅在试点成熟的基础上在全省司法行政系统全面推广，目前该微信塔群已形成了拥有五个层级、2.1万多个微信群、34万服务对象的微信集群，覆盖31039个村（社区），主要发布时政类、法治类资讯，以及提供法律咨询，被誉为"老百姓随身携带的'公共法律顾问'"。但在2018年浙江全省司法行政系统打造最佳营商环境法律服务专项行动的新背景下，"之江法云"微信塔群对《行动方案》未有针对性的链接或解读，不能不说是一种缺憾。总之，在打造最佳营商环境法律服务过程中，司法行政机关互联互通、整体发声、协同联动的工作机制仍需进一步完善。

（二）存在的主要问题

评估过程显示，以信息发布的协同联动机制运行情况为切入点，浙江司法行政机关在政务新媒体平台建设方面存在以下三个主要问题。

1. 政府网站建设尚待进一步规范

政府网站是政府信息发布的重要窗口，是政府信息公开的第一平台。党的十八大以来，中央和浙江省委省政府高度重视政府网站建设和管理工作，出台了一系列政策文件，强化制度供给，目的在于以政府网站管理为牵引，引领各级政府网站创新发展，深入推进互联网政务信息数据和便民服务平台建设，提升政府网上服务能力。项目组在以县（市、区）司法局网站为主评估的过程中，有重点地观察了省司法厅以及11个设区市司法局的部门网站，发现部分网站仍存在链接失效、信息发布不规范、信息更新不及时等老问题。

一是省、设区市司法行政机关网站纵向联通、横向互通尚不完全顺畅。纵向上，自上而下，省司法厅网站主页至杭州市、湖州市、绍兴市、衢州市、舟山市司法局的链接失效，失效比例为45.45%；自下而上，舟山市司法局网站无法链接至省司法厅。横向上，只有舟山市司法局和丽水市司法局的部门网站可以链接至省内其他设区市司法局网站（此处不考虑无法链接到衢州市司法局的情况，因为评估时间内，衢州市司法局的网站因后台维护需要，暂时关停），横向互联失效比例大（具体见表4-1）。

表4-1　　　　浙江省设区市司法局网站互联互通情况

设区市（司法局）	页面有下一级司法局链接	至下一级司法局的链接有效	可以链接至省内其他市司法局网站	可以链接至省司法厅
杭州	无	/	否	是
宁波	部分	部分有效	部分	是
温州	无	/	仅链接至丽水司法局的有效	是
嘉兴	无	/	否	是
湖州	无	/	部分	是
绍兴	有	是	部分	是
金华	无	/	否	是
衢州	评估周期内衢州市司法局站点无法打开			

续表

设区市 （司法局）	页面有下一级 司法局链接	至下一级司法局 的链接有效	可以链接至省内 其他市司法局网站	可以链接至 省司法厅
舟山	有	否	全部，其中链接至 衢州司法局的失效	否
台州	有	是	全部，但部分失效	是
丽水	无	/	全部，其中链接至 衢州司法局的失效	是

资料来源：浙江省司法厅、各设区市司法局部门网站下方的"友情链接"。

二是部分网站信息发布不规范。在网站主页设置专题、专栏、浮窗等，是政府部门向公众展示工作重点、展现工作动态的重要方式。但测评发现，只有3个设区市司法局以设置专栏或悬浮窗口的形式进行营商法律服务宣传；其中杭州市司法局以悬浮窗口、金华市司法局以网上调查、台州市兼有悬浮窗口和网上调查两种形式，对浙江省营商环境法律服务工作进行了重点宣传。省司法厅网站设有最佳营商环境法律服务专项行动悬浮框，但点击访问后发现栏目中信息报道混杂、主题杂乱（如混杂"五水共治"信息等），并且信息发布不按时间顺序显示。

三是信息更新不及时。在涉及营商环境法律服务报道方面，部分网站信息发布呈现"一阵风"现象，如集中在某个时间段统一更新报道内容，但是最新的报道时间距离测评时间（2018年12月）已长达3个月以上，信息滞后。

2. 政务微博管理与运营还有待进一步提升

政务微博、政务微信作为即时通信类的政务新媒体，与传统的网站相比，更适应移动互联网时代的大趋势，且具备双向互动、全空间占用性和社会化优势，可以通过多元化的互动，推销价值观念。如前所述，项目组以"××司法"或"××普法"等为关键词，搜索并观察了89个县（市、区）司法局的政务微博，发现相较于各自的政务微信而言，大部分司法局的政务微博的功能定位尚不清晰,"僵尸"、"睡眠"等现象较为严重(具体统计结果见表4-2、图4-1)。

表4-2 浙江省各县(市、区)司法部门政务微博建设情况

县(市、区)	2018年微博数	关注了"浙江普法"微博	有关于营商环境的持续的系统报道	备注
杭州市 萧山区	20	1	0	
余杭区	无官微			
西湖区	0	0	0	有街道司法微博,部分活跃
滨江区	1	0	0	
上城区	0	1	0	
下城区	12	1	0	
富阳区	50+	1	0	
江干区	50+	1	1	9条
临安区	9	1	0	
拱墅区	50+	1	0	2条
桐庐县	50+	1	0	2条
建德市	50+	1	0	1条
淳安县	50+	0	0	
宁波市 鄞州区	0	1	0	
慈溪市	50+	1	1	16条
北仑区	50+	1	0	
海曙区	0	1	0	
余姚市	50+	1	0	
镇海区	50+	1	0	2条
奉化区	50+	1	1	5条
宁海县	50+	1	0	1条
象山县	28	1	0	
江北区	18	1	0	
温州市 鹿城区	38	1	0	
乐清市	11	1	0	
瑞安市	50+	1	1	瑞安司法6条;瑞安普法19条
龙湾区	50+	1	0	4条
瓯海区	50+	1	0	瓯海司法3条;瓯海普法2条

续表

县（市、区）	2018年微博数	关注了"浙江普法"微博	有关于营商环境的持续的系统报道	备注
苍南县	7	1	0	
平阳县	25	1	0	
永嘉县	50+	1	0	
泰顺县	1	1	0	
洞头区	50+	1	0	1条
文成县	50+	1	1	7条
嘉兴市 海宁市	10	1	0	1条
桐乡市	50+	1	0	
平湖市	50+	1	0	1条
嘉善县	13	1	0	
南湖区	50+	1	0	3条
秀洲区	无官微			
海盐县	50+	1	1	22条
湖州市 长兴县	17	1	0	
吴兴区	0	1	0	未官方认证
德清县	50+	1	0	3条
南浔区	0	1	0	
安吉县	50+	1	0	4条
绍兴市 柯桥区	0	1	0	未官方认证
诸暨市	50+	1	0	
上虞区	50+	1	1	9条
越城区	22	1	0	
嵊州市	17	1	0	1条
新昌县	25	1	0	
金华市 义乌市	0	1	0	
永康市	无官微			
婺城区	0	1	0	
东阳市	无官微			
兰溪市	无官微			
武义县	0	1	0	未官方认证

续表

县（市、区）	2018年微博数	关注了"浙江普法"微博	有关于营商环境的持续的系统报道	备注
浦江县	50 +	1	0	
金东区	0	0	0	
磐安县	无官微			
衢州市 江山市	0	1	0	未官方认证
龙游县	0	1	0	
柯城区	0	1	0	
衢江区	16	1	0	
常山县	无官微			
开化县	26	1	0	
舟山市 定海区	32	1	0	
普陀区	50 +	1	0	2条
岱山县	11	1	0	
嵊泗县	3	1	0	
台州市 温岭市	50 +	0	1	9条
路桥区	4	1	0	2018年发布的微博与工作无关
临海市	0	1	0	
椒江区	50 +	1	0	
玉环市	50 +	1	0	
黄岩区	无官微			
天台县	无官微			
仙居县	44	1	0	
三门县	0	1	0	
丽水市 莲都区	0	1	0	
青田县	18	1	0	1条
缙云县	0	1	0	
龙泉市	50 +	1	0	
遂昌县	无官微			
松阳县	0	1	0	
庆元县	无官微			

第四章 县（市、区）新媒体平台联动工作机制实施情况评估

续表

县（市、区）	2018年微博数	关注了"浙江普法"微博	有关于营商环境的持续的系统报道	备注
云和县	10	1	0	
景宁县	无官微			

注：指标"关注了'浙江普法'微博"列，"1"表示是，"0"表示否；指标"有关于营商环境的持续的系统报道"列，报告定义2018年度微博号发布的关于营商环境的微博超过5条，认为该部门有关于营商环境的持续的系列报道，"1"表示是，"0"表示否。在备注列，如无特殊说明，列出的为司法部门微博发布的有关营商环境的报道的数量。

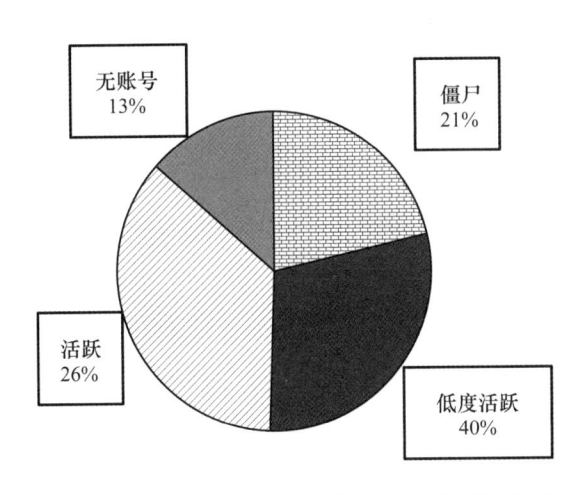

图4-1 浙江省司法部门政务微博活跃度（2018年）

说明：无账号，指检索不到以"××司法"或"××普法"为名的微博账号；僵尸，指2018年发布微博数为0条；低度活跃，指2018年发布微博数少于50条；活跃，指2018年发布微博数多于50条。

由上述图表所显示的数据可知，当前浙江司法行政系统政务微博管理与运营主要存在三方面问题。

一是个别地区存在政务微博未开通或开通不规范问题。据统计，有12个县（市、区）司法局未开通政务微博，比例高达13.48%；若加上4个尚未进行认证的微博账号，这一比例达到17.98%。

二是部分政务微博存在不运营或运营不规范问题。77个开

通政务微博的县（市、区）司法局中，2018年有19个县（市、区）未曾发布过任何信息，占比为24.68%；低活跃度账号（指2018年微博发布量低于50条）有36个，占比为46.75%。其中，部分县级司法局政务微博所刊发的内容仅仅是简单地转载当地政府的政务微博信息，与司法、普法工作不相关；个别县级司法局政务微博还转发非官方的生活信息类账号内容，运营方未充分审核相关信息的准确性、权威性，在一定程度上影响了政府公信力。评价结果显示，2018年，各县（市、区）司法局政务微博刊发的信息中，仅有24个县（市、区）发布过有关营商环境工作的内容，占开通政务微博的县（市、区）（77个）的比重为31.17%，占所有县（市、区）司法局的比重为26.97%。其中，只有慈溪司法、瑞安普法、海盐司法等3个单位发布的关于营商环境信息超过10条。

三是政务微博纵向关联，但"有联无动"。各县（市、区）司法局的政务微博往往单打独斗，相互之间缺乏联动。纵向上，县（市、区）司法局政务微博与"浙江普法"关联度还有待提升，在77个开通微博的县级司法局中还有5个单位未关注"浙江普法"微博。横向上，属于同一个设区市或者不同属于一个设区市的司法局之间未形成关联、互动，大部分县（市、区）司法局政务微博未相互关注；即便相互之间有所关联，也往往"有联无动"，缺乏互动性。

3. 三大平台联动机制尚未完全建立

目前，部门网站、政务微博、政务微信等是政府信息公开、回应关切、办事服务的主要传播平台。但由于定位不清晰，媒体平台存在功能丧失、同质化发展等问题。就项目组所进行的以司法行政机关政务新媒体运行实效为代表的第三方评价而言，现阶段媒体平台联动机制仍存在不少困惑或问题。

一是政务新媒体开设的主体层级与应用不一。目前，县级部门原则上不再开设政府网站，但是根据《国务院办公厅关于推进政务新媒体健康有序发展的意见》,"县级以上地方各级人民政府及国务院部门应当开设政务新媒体,其他单位可根据工作需要规范开设"。因此,在政府网站整合之际,政务微博、政务微信等则陆续延伸至县(市、区)部门甚至乡镇(解读)、村委会等。由此,政务微博、政务微信等便顺势承担了大量的县(市、区)政府职能部门信息发布、政策解读、办事服务等功能,但无法像政府门户网站一般,提供一个全屏的服务页面、信息展示页面。此外,与政府网站可以互相建立链接、政务微博可以互相关注不同,政务微信与用户之间是一对一的对话模式,并不能够像微博一样通过"@"其他职能部门,来进行部门之间的联动。

二是政务新媒体平台定位不精准。网站、政务微信、政务微博平台属性不同,用户特色各异,传播模式各有不同(见表4-3),因此各平台信息发布应保持差异性、互补性、联通性。但根据现阶段的第三方评价结果来看,同一政府部门的网站、政务微博和政务微信作用发挥雷同,特别是政务微博和政务微信都把功能定位为政务信息的发布传播,其发布信息往往杂乱、雷同,不仅影响传播效果,也浪费平台资源。

表4-3　　　　　　　政府网站、政务微博、政务微信对比

	政府网站	政务微博	政务微信
平台属性	大众化信息发布平台	社会化资讯网络	私人关系网络社交
内容形式	图文、视频等	图文(140个字)、视频等	图文、视频、语音等
传播方式	开放式传播,侧重传播主动性、权威度	开放式传播,易淹没,侧重传播广度	封闭空间传播,侧重传播精度
参与方式	大众参与	大众参与,个体协同促成热点	熟人参与,圈子参与促成热点
功能	信息公开、网上办事、政民互动	信息发布、网络问政、舆论引导	信息公开、舆论引导、民生服务

资料来源:李丹:《政府网站和政务新媒体的融合发展》,《新闻战线》2015年第13期。

四 对策建议

为了推动政府信息纵深传播，进一步发挥政务新媒体"定向定调"作用，凝聚社会共识，营造良好氛围，并主动适应以自媒体、融媒体为代表的新闻宣传新格局，司法行政机关要充分发挥普法工作积累的舆论优势，认真践行网上群众路线，积极运用好政务新媒体，建立完善全媒体传播平台，全面提高司法治理的现代化水平。

（一）完善政府网站，提升第一平台形象

政府网站是政务公开的第一平台，担负着政务服务总门户的作用。《政府网站发展指引》规定"县级政府部门原则上不开设政府网站，通过县级政府门户网站开展政务公开，提供政务服务"，在一定程度上对县级及以下政府部门政务公开和政务服务提出了新挑战。第三方评价结果也反映出各县（市、区）司法局纵向、横向联通渠道不畅、政务公开内容单一等问题。为此，项目组建议如下。一是突出统一规划。建议由省司法厅牵头，统一做好全省司法行政机关网站建设规划，形成不同层级纵向贯通、同一层级横向连接的互联互通局面；对县（市、区）司法局，规范并统一其通过县级政府门户网站开展政务公开、提供政务服务的通道。二是规范内容要素。建议重点规范县（市、区）司法局（还可以包括乡镇司法所等）政务公开的核心要素和政务服务的关键内容，发挥好县（市、区）司法局贴近群众、服务群众、凝聚群众的基层平台作用。

（二）精准平台定位，寻求差异发展

互联网时代，政府网站、政务微博、政务微信等都是政务数字化转型、建设服务型政府的重要平台。《国务院办公厅关于

推进政务新媒体健康有序发展的意见》明确了建设政务新媒体的指导思想、工作目标和基本原则,并明确了各部门工作职责。反观浙江司法行政机关的网站、政务微博、政务微信等平台建设,尚存在建设力度不一、平台定位不清晰、建设运营不规范等问题。为了更好地建设和发挥好政务新媒体的作用,要充分考虑平台的不同特点,区分定位、差异化发展。政府网站具有常态化、系统化等特点,群众接受度高,在信息公开、舆论引导中应着重"重大发布、详细解读";政务微博受众最广(特别是年轻人)、传播最快、互动性强,适合"即时发布、舆论引导";政务微信主要基于圈子传播、本地属性强、信息达到率高,且有较强的针对性与可信性,可侧重于"深度调查、本地解读"。

(三)建立协同联动的工作机制

《国务院办公厅关于推进政务新媒体健康有序发展的意见》提出要推动各类政务新媒体互联互通、整体发声、协同联动,推进政务新媒体与政府网站等融合发展,实现数据同源、服务同根,方便企业和群众使用。因此,顺应新要求,首先,要建立健全政务新媒体传播矩阵,各账号、主体之间要协同联动。其次,在具体工作上,部门之间要充分沟通,细分目标用户、推介专业内容,加强跨部门跨级别的经验分享和资源统筹。最后,充分利用互联网和大数据技术,推动政务媒体平台之间的服务功能对接。

第五章 县（市、区）政商交往"负面清单"公开情况评估

"政"和"商"代表着权力和资本，而这两者是影响社会发展的两股重要力量，往往纠缠在一起，难舍难分，一旦跨越边界，容易产生腐败和丑恶。① 对于两者关系的认识，习近平总书记在2016年3月4日下午看望出席全国政协十二届四次会议民建、工商联界委员时指出：新型政商关系，概括起来说就是"亲""清"两个字。② 党的十九大报告进一步强调，"构建亲清新型政商关系，促进非公有制经济健康发展非公有制经济人士健康成长"。

"亲"与"清"是新型政商关系的本质要求，是对新的历史条件下政商关系的生动诠释和形象概括，体现了二者之间既相处"亲密"又不失"分寸"的最佳状态和内在关系。③ 构建新型政商关系，关键在于践行，在于通过法律手段规范政商关系，厘清权力和资本的边界，在于建立并推行权力问责制度。基于上述逻辑，各地积极采取措施，以制度建设为抓手，建章立制，

---

① 张国清、马丽、黄芳：《习近平"亲清论"与建构新型政商关系》，《中共中央党校学报》2016年第5期。

② 田昌富：《民建如何为构建新型政商关系发挥作用》，《湖北省社会主义学院学报》2016年第5期。

③ 韩振峰：《加快构建新型政商关系》，《浙江日报》2016年3月14日第6版。

推进新型政商关系的建立完善。具体来说，就浙江而言，就是依托"四张清单一张网"的先行优势，探索构建政商交往"负面清单"，建设公私分明的政商关系。[①]"负面清单"既是政商交往的"红线"，又是为官为商的"底线"。作为政商交往的基本准则，在"让公开成为自觉、让透明成为常态"的新时代大势之下，无论基于党务公开抑或政务公开的理念与原则，政商交往"负面清单"作为各类市场主体关注的重点，必须也必然公开，以"增强政策制定实施的科学性和透明度"，准确传递权威信息和政策意图，合理引导预期。

一　指标构成与评估说明

营商法律风险很大程度上来自对政商之间关系的把握上。过近，则容易引起权力资本化和资本权力化，触犯法律，影响法律的公平与正义；过远，则容易使商业发展失去政府及法律的保护，影响其正常发展。营商法律风险防范是一项复杂的系统工程，涉及方方面面，工作任务十分繁重。因此，综合考量数据可得性、评估便利性以及工作可布置性等诸多因素，营商法律风险防范方面的指标测评秉持"抓住一点，不及其余"的方法论，主要选择各地政商交往"负面清单"公开这一典型内容，着重了解各地是否制定政商交往"负面清单"以及该"负面清单"是否公开。

《中共浙江省委关于推进清廉浙江建设的决定》（以下简称《清廉浙江决定》），要求"制定政商交往的正面清单和负面清单"。《国务院办公厅关于聚焦企业关切进一步推动优化营商环境政策落实的通知》（国办发〔2018〕104号，以下简称《优化

[①] 张建明：《规范政商关系重在约束行政权力》，《中央社会主义学院学报》2016年第5期。

营商环境通知》）明确提出"对于市场主体关注的重点难点问题，要及时研究解决，回应社会关切"。一系列政策文件对政商交往"负面清单"的制定公开都做出要求，关键在于各县（市、区）的落实。

本项指标权重4分，旨在测评各县（市、区）依照《清廉浙江决定》和《优化营商环境通知》，制定、公开政商交往"负面清单"的情况。考虑到评估的准确性、客观性与普遍性，本次评测采用网上关键词模糊搜索法，根据各县（市、区）政府门户网站搜索"政商关系""负面清单"等结果，进行层次赋分：没有相关"政商关系负面清单"报道和文件的，得0分；只在相关文件或报告中提到要建立"政商负面清单"，或者没有提到而有类似活动及制度的（如观看警示片、出台《作风建设负面清单》等）的，得2分；有报道且有具体清单内容或正式文件的，得4分。

二 评估结果

根据表5-1显示的评估结果，全省89个县（市、区）中，得4分（满分）的有杭州市萧山区、杭州市下城区、杭州市富阳区、宁波市北仑区、宁波市海曙区、（宁波）余姚市、（温州）永嘉县、湖州市吴兴区、（湖州）德清县、湖州市南浔区、嘉兴市秀洲区、（绍兴）诸暨市、（金华）永康市、（金华）武义县、（金华）浦江县、（舟山）岱山县、（台州）温岭市、（台州）临海市、台州市椒江区、台州市黄岩区、（丽水）龙泉市。以上合计21个县（市、区），占全体县（市、区）比重为23.60%。此外，得2分的县（市、区）有19个，占比21.35%；得0分的县（市、区）有49个，占比55.06%。总体看，根据评估结果显示，全省89个县（市、区）在政商交往"负面清单"建设方面存在很大不足，得0分的县（市、区）超过总数一半。

表5-1　　各县（市、区）营商法律风险防范评测得分

序号	县（市、区）	得分
1	杭州市萧山区	4
2	余杭区	0
3	西湖区	0
4	滨江区	0
5	上城区	0
6	下城区	4
7	富阳区	4
8	江干区	2
9	临安区	0
10	拱墅区	2
11	桐庐县	0
12	建德市	0
13	淳安县	0
14	宁波市鄞州区	2
15	慈溪市	2
16	北仑区	4
17	海曙区	4
18	余姚市	4
19	镇海区	0
20	奉化区	2
21	宁海县	2
22	象山县	0
23	江北区	2
24	温州市鹿城区	0
25	乐清市	0
26	瑞安市	2
27	龙湾区	0
28	瓯海区	0
29	苍南县	0
30	平阳县	0

续表

序号	县（市、区）	得分
31	永嘉县	4
32	泰顺县	0
33	洞头区	0
34	文成县	0
35	嘉兴市海宁市	0
36	桐乡市	0
37	平湖市	2
38	嘉善县	2
39	南湖区	0
40	秀洲区	4
41	海盐县	0
42	湖州市长兴县	0
43	吴兴区	4
44	德清县	4
45	南浔区	4
46	安吉县	0
47	绍兴市柯桥区	0
48	诸暨市	4
49	上虞区	0
50	越城区（高新区）	0
51	嵊州市	0
52	新昌县	0
53	金华市义乌市	2
54	永康市	4
55	婺城区	2
56	东阳市	0
57	兰溪市	0
58	武义县	4
59	浦江县	4
60	金东区	2

续表

序号	县（市、区）	得分
61	磐安县	2
62	衢州市江山市	0
63	龙游县	0
64	柯城区	0
65	衢江区	2
66	常山县	2
67	开化县	0
68	舟山市定海区	0
69	普陀区	0
70	岱山县	4
71	嵊泗县	0
72	台州市温岭市	4
73	路桥区	0
74	临海市	4
75	椒江区	4
76	玉环市	0
77	黄岩区	4
78	天台县	0
79	仙居县	0
80	三门县	2
81	丽水市莲都区	0
82	青田县	0
83	缙云县	0
84	龙泉市	4
85	遂昌县	0
86	松阳县	2
87	庆元县	0
88	云和县	2
89	景宁县	0

从区域看，台州、金华、湖州做得最好，其次为杭州和宁波。温州虽然在市级层面出台《关于全市纪检监察机关护航新时代"两个健康"先行区创建的意见》，在推行政商交往负面清单方面划出六条"纪律红线"，但是所属县（市、区）落实情况不佳。台州、金华、湖州民营企业众多，经济活力旺盛；杭州和宁波经济实力强大，民营经济不可小觑。由此，可以看出推行政商交往"负面清单"可能和民营经济特别是中小型民营企业的活跃有着正向的相关关系。一般来说，推行政商交往"负面清单"，创造良好的营商法律环境，有利于经济特别是民营经济的发展。

从全省GDP（2017年）排名看，得4分的21个县（市、区）中有14个的排名在40名以后，而得0分的县（市、区）中不少县（市、区）GDP排名靠前，其中杭州市余杭区、杭州市西湖区、杭州市滨江区、杭州市临安区、杭州市上城区的GDP排进了89个县（市、区）的前10位。这表明GDP排名比较靠后的县（市、区）有更大的招商引资、服务企业的意愿，所以在营造良好营商环境特别是在营商法律风险防范方面下了很大的力气，采取了许多有效的措施；而GDP排名靠前的一些县（市、区）在此方面或许有所些懈怠。

三 主要问题与不足之处

作为政商交往的"导航图"与"紧箍咒"，"负面清单"有利于规范政商交往行为，形成"办事不求人"的社会氛围，构建更加开放融通的市场环境。在构建"亲""清"新型政商关系的新时代大环境中，不仅要进一步增强政商交往相关政策的科学性和透明度，还要提高政策可及性。此次评估，以政商交往"负面清单"为切入点，显示出当前各地在构建"亲""清"新型政商关系方面还存在不少问题。

（一）政府门户网站建设水平有待提高

习近平总书记深刻指出，"很多人特别是年轻人基本不看主流媒体，大部分信息都从网上获取。必须正视这个事实"。[①] 因此，此次评估，强化了互联网思维，主要采取网站观察与模糊检索法，所以政府门户网站的建设情况直接影响评测结果。实测中，发现一些县（市、区）政府门户网站建设较差，如平湖市政府门户网站无直接搜索的选项等。

（二）信息搜索难度较高

评估实测中，最为普遍的问题是搜索结果的关联性和准确度太差，特别是在政府门户网站进行直接搜索时，信息过滤差；而且政府门户网站便民性不佳，有时候搜索结果也不按时间排序，需要花费大量时间在庞杂的搜索结果中找寻有用的信息，在一定程度上影响了评测结果的准确性。大数据时代，信息浩如烟海，因此，信息的检索与精准查找就会显得尤为重要，但目前不少政府门户网站检索功能尚做不到信息的精准匹配。

（三）政策落实和政务公开不到位

无论是《清廉浙江决定》《优化营商环境通知》等政策的要求还是市场经济发展本身的需要，政商交往"负面清单"需要也必须公开。但是评测结果不甚理想，89个县（市、区）中，尚有一半以上的县（市、区）制定的政商交往"负面清单"仍"犹抱琵琶半遮面"，尚停留在领导讲话或其政策文件"表述"中，"只听楼梯响，不见人下来"。

[①] 刘光牛：《把握历史使命勇于发展和创新当代中国新闻理论——深入学习习近平关于党的新闻舆论工作的新论断新观点》，《中国记者》2016年第7期。

四 对策建议

改革中面临的新问题,只能用进一步改革来解决。政商交往"负面清单"作为开展"亲""清"新型政商关系的实践创新工作,既与新时代党务、政务公开工作密切相关,又兼具地方特色。因此,以政商交往"负面清单"为载体,深入构建"亲""清"新型政商关系,关键要坚持问题导向与效果导向相统一,既注重政府门户网站的"硬件建设",又注意政策公开与可及性的"软件建设"。

(一) 重视网络平台,提高门户网站建设水平

政府门户网站作为政府重要的信息发布平台以及群众获取政策信息的重要来源,其重要性不言而喻。为方便民众,特别是使企业家知晓并了解涉企政策,合理引导预期,要着重在政府门户网站的稳定性、易用性和准确性三个方面下功夫。其中稳定性是基础,要保证政府门户网站不会因经常崩溃而打不开,要保证群众时刻都能够登录网站获取相关信息。易用性上,要从群众的使用角度出发,减少群众特别是文化程度不高的群众的学习成本。准确性则主要体现在信息的搜索方面,通过关键字或者模糊词能够有效地搜索到群众需要的内容,把关联性较差的内容屏蔽掉,节省群众进一步进行信息分析整理的时间。

(二) 因地制宜制定政商交往"负面清单"

要把政商交往"负面清单"从领导讲话落实到政策文本,并公之于众,回应社会关切,便于各方知晓。同时,各地还要因地制宜,根据实际以及历年政商交往经验制定具有地方特色的政商交往"负面清单",不搞"大呼隆",营造良好营商法治

环境。在政商交往"负面清单"探索创新中,一些地区善谋善为,摸着石头过河,探索了路径、积累了经验,值得总结与推广。如诸暨市、临海市、台州市椒江区先后出台《关于构建新型政商关系的若干意见(试行)》,在省内率先列出政商交往"双向清单"(即政府及公职人员政商交往"正向行为清单"、政府及公职人员政商交往"负面行为清单"、企业及企业主政商交往"正向行为清单"、企业及企业主政商交往"负面行为清单");又如永嘉县,出台《永嘉县政商往来正负面清单》,从制度层面规范党政机关工作人员特别是领导干部的涉企活动;再如杭州市富阳区从"亲""清"政商关系切入,制定《富阳区规范政商交往行为"双向正负清单"》,宁波市海曙区推出"亲清·约定",针对党员干部和企业负责人的工作和交往行为列出清晰界限。此外,杭州市下城区武林街道还探索开展了以"构建亲清政商关系、建设清廉非公企业"为主题的"武林廉谈"活动,邀请企业、专家、学者畅谈新型政商关系,并与辖区企业共同承诺签订"亲清政商关系正面清单、负面清单"和"亲清政商关系十不准",合力构建亲清政商关系。[1]

(三)进一步改进和完善政务公开

制定政商交往"负面清单"并公开其内容,回应社会关切,是政务公开题中之义。在当前新时代之历史潮流下,改进和完善政务公开是大势所趋,也是治理能力现代化的重要标志。一方面,从信息提供者角度入手,扩大政务公开的范围,只要不是涉密或者国家明令禁止公开的都应该纳入政务公开范围,以便群众更好地监督政府工作;另一方面,从信息使用者角度考虑,丰富政务公开的形式,充分利用互联网、

---

[1] 夏雪峰、吕玥:《"武林廉谈"构建亲清政商关系》,《浙江日报》2018年8月7日第7版。

新媒体等多种渠道向群众宣传和发布政府相关政策及政策解读，使群众能够及时、准确、方便地了解到相关的信息，从而提高对政府的认同感。同时，各地尤要重视对已出台或待出台的优化营商环境政策措施的及时跟进解读，准确传递权威信息和政策意图。

第六章 县（市、区）推进律师担任县级工商联（商会）法律顾问评估

"普遍建立法律顾问制度"是党的十八届三中全会作出的重要部署。"普遍建立"，意味着法律顾问的应用范围实现全覆盖，即各级党政机关、社会团体、企事业单位和基层群众性组织应建立符合实际需求的法律顾问制度。[①] 中国工商业联合会（简称工商联）是中国共产党领导的面向工商界、以非公有制企业和非公有制经济人士为主体的人民团体和商会组织，兼具人民团体与中国民间商会性质。[②] 浙江省工商联是中国工商业联合会的省级地方组织，又称浙江省商会，成立于1952年，截至2018年底，全省工商联共有会员28.93万个，商会组织4185个。各级工商联（商会）建立法律顾问制度，既是落实中央和《中共浙江省委关于认真学习贯彻党的十八届三中全会精神全面深化改革再创体制机制新优势的决定》提出的"普遍建立法律顾问制度"要求的夯实之举，又是以点带面，扩大企业法律顾问覆盖面的务实之策；同时，还是工商联（商会）组织和会员单位依法治理、激发活力、创新发展的现实需要，也

[①] 陆娟梅：《浅析普遍建立法律顾问制度》，《中国司法》2014年第12期。

[②] 肖海军：《论我国商会制度的源起、演变与现状》，《北方法学》2007年第4期。

是律师和基层法律服务工作者服务经济发展、实现自身价值的重要途径。党的十八大以来,浙江各级工商联(商会)充分发挥了"联"的优势,根据浙江民营经济发展实际,着力提升了法律服务水平。①

一 评价指标与评价方法

(一)指标设置依据

2013年,党的十八届三中全会提出"普遍建立法律顾问制度""支持非公有制经济健康发展""激发社会组织活动"等决策和部署,为商会法律顾问制度的建立提供了政策依据,指明了方向。2014年,浙江省司法厅、浙江省工商业联合会联合印发《关于建立商会法律顾问制度的指导意见》(以下简称《指导意见》),在全省商会统筹推进法律顾问制度建设。《指导意见》明确了浙江省商会法律顾问制度工作目标,提出在2014年县级及以上工商联(商会)和行业商会法律顾问覆盖率达到30%,2015年法律顾问覆盖率达50%,2017年覆盖率超过80%并基本完善商会法律顾问体系,法律顾问工作在服务商会建设和发展中取得明显成效。

良法美策,贵在执行。至于各地是否充分利用制度红利,建立健全商会法律顾问制度,深化法律服务浙商创业创新和民营企业发展,这就需要进行阶段性评估,以了解制度的运行实效。作为现代社会的一项发明,评估不仅为发展过程中所带来的光芒提供了解释和宣传的工具,而且为力图对工作流程施加有针对性的影响提供了调控的工具。② 项目组根据

---

① 陈建强、黎万国、万润龙:《浙江省工商联:提升法律服务工作水平》,《中华工商时报》2019年7月15日第5版。
② [德]赖因哈德·施托克曼、沃尔夫冈·梅耶:《评估学》,唐以志译,人民出版社2012年版,第2—3页。

《指导意见》，结合《行动方案》"七大行动"之一的"法律服务模式创新"的要求，设置"县级工商联（商会）法律顾问制度建立运行"子项指标，着力了解各地落实《指导意见》情况。

（二）评估标准及赋分规则

本项指标旨在评估各县（市、区）依照《指导意见》推进律师担任县级工商联（商会）法律顾问的情况。评估过程中，由于县级工商联网站建设参差不齐，信息缺失严重，难以通过网络检索等外部测评方法获取基础数据，因此，项目组主要借助与课题委托方的合作，在各县（市、区）自报材料的基础上汇总数据。

根据所收集的数据，经初步汇总、辨识、分析、筛选与讨论等，项目组对"县（市、区）推进律师担任县级工商联（商会）法律顾问制度运行情况"子项指标（权重4分）主要设置了两个测评点作为赋分环节。一是是否建立相应规章制度（权重2分）。根据汇总数据，要求相关材料应同时具备如下两个条件：（1）由司法局、工商联（商会）联合或单独作为制定主体；（2）内容主要是关于法律顾问选拔标准、工作范围、工作程序等内容。据此，常年顾问合同、律所制订的各类工作方案等均不予认定。二是是否聘任法律顾问（权重2分）。原则上要求聘任主体应为工商联（商会），但考虑到企业为工商联（商会）会员，推进工商联（商会）建立法律顾问制度的目的也在于发挥示范作用，带动各类企业聘用法律顾问防范化解风险；因此，从效果导向出发，又把是否聘任法律顾问细化分两个得分点，即工商联（商会）聘任法律顾问、作为工商联（商会）会员的企业聘任法律顾问。其中，两个得分点各占权重1分。

二 评估结果分析

(一) 总体表现

就评估得分而言,2018年,89个县(市、区)中有56个县(市、区)得到满分,占比为62.92%。建立工商联(商会)法律顾问制度的有56个县(市、区),占各县(市、区)总数的62.92%;县级工商联实际聘任法律顾问的有86个,占各县(市、区)总数的96.63%;各县(市、区)同时建立工商联(商会)法律顾问制度和实际聘任法律顾问的有56个,占各县(市、区)总数的62.92%。由评估结果可知,随着国家、省级层面对于普遍建立法律顾问制度的推行和完善,各级各部门狠抓制度落实落细,既注意建章立制,加强宏观指导,又注重制度的有效运行,这从各县(市、区)大部分已经覆盖工商联(商会)法律顾问制度的力度可见一斑;同时,这也说明,作为民营经济大省的浙江对法律服务也有着迫切的要求。

(二) 分差说明

本指标权重总计为4分,平均得分为3.21分,平均得分率为80.34%。其中,56个县(市、区)获得满分,建立了工商联(商会)法律顾问制度并实际聘任了法律顾问。30个县(市、区)得分为2分,失分原因均系未建立工商联(商会)法律顾问制度,其中杭州市富阳区、嘉兴市秀洲区、诸暨市仅制订了具体活动方案,缺乏长效性、常态化的制度供给。2个县(市、区)得分为1分,杭州市滨江区、庆元县均未建立工商联(商会)法律顾问制度,但提供了聘请法律顾问的企业数量。另有长兴县未按期提供材料,故此项指标为0分。

三 基本结论

(一) 现状分析

浙江是全国较早推行工商联（商会）法律顾问制度的省份之一，自2014年在全省范围推行以来，至今已有六年。从测评结果来看，工商联（商会）法律顾问制度在县（市、区）已实现基本覆盖，但因为89个县（市、区）的地区差异，各地"制度落地"的过程呈现出多样化特征。

一是民营经济发达地区在工商联（商会）法律顾问制度落地环节表现突出。以温州为例，作为民营经济"温台模式"的发源地，温州11个县（市、区）工商联（商会）在制度建设方面起步较早，而且推进律师担任法律顾问形式多样，如泰顺县建立的"泰商驿站"等，充分体现了工商联（商会）法律顾问和民营经济发展的良性互动。

二是工商联（商会）法律顾问制度在推进过程中形成了三种基本模式。2014年《指导意见》仅对商会法律顾问的服务内容、聘请方式等方面予以统一规范，但在服务费用、制度建设等方面为各地的实践创新留有空间。由此，各地因地适宜，在实践中衍生出建立健全工商联（商会）法律顾问的三种基本模式。第一种模式是政府主导型，即制度建设的主体包含地方政府或部门（如司法局），商会法律顾问服务属于无偿性，如杭州市余杭区、下城区，以及宁波市鄞州区等；第二种模式是市场主导型，即制度建设的主体为地方工商联，商会法律顾问服务属于有偿性，如平湖市、嘉兴市南湖区、龙泉市等；第三种是混合型，即制度建设的主体包含地方政府或部门（司法局），但商会法律顾问服务属于有偿性，或者制度建设的主体为地方工商联，但商会法律顾问的服务属于无偿性，如杭州市萧山区、上城区、桐庐县等（具体情况参见表6-1）。这三种模式，形式各异，但着眼点均在于深化长效机制、搭建法律服务平台，为企业发展营造良好的法律环境。

表6-1 各县（市、区）推进商会法律顾问制度的基本模式

基本模式	地区分布	数量
政府主导型	杭州：余杭区、下城区 宁波：鄞州区 温州：龙湾区、瓯海区 金华：兰溪市 台州：路桥区、临海市、玉环市、三门县 丽水：云和县	11
市场主导型	杭州：西湖区 温州：平阳县 嘉兴：平湖市、南湖区 丽水：龙泉市	5
混合型	杭州：萧山区、上城区、桐庐县 宁波：慈溪市、奉化区、象山县 温州：鹿城区、瑞安市、苍南县 嘉兴：海盐县、南浔区、上虞区、越城区、新昌县 金华：永康市、婺城区、武义县、浦江县、金东区 衢州：江山市、龙游县、衢江区、常山县、开化县 舟山：定海区 台州：温岭市、天台县、仙居县	28

注：在统计本项内容时，89个县（市、区）中共采集到44个县（市、区）的有效数据，其余45个县（市、区）因缺乏有效数据而未纳入统计范围，特此说明。

三是工商联（商会）法律顾问权责边界"和而不同"。依据《指导意见》规定，对商会法律顾问权利责任的限定主要通过两种方式进行：一种是商会与律师事务所、基层法律服务所协商一致后签订合同，明确双方权利义务和工作内容，商会法律顾问按合同约定的职责和范围开展法律顾问工作；另一种是各级司法行政机关和工商联建立完善工作机制和管理、考核、评比各项制度。但测评发现，实践中同时采用以上两种方式的有56个县（市、区），占总数的62.92%；仅采用第一种方式的有86

个县（市、区），占总数的96.63%；仅采用第二种方式的有56个县（市、区），占总数的62.92%。到底何种方式更为有效，或者更加符合基层实际，还有待实践进一步检验。

（二）存在问题

工商联（商会）法律顾问制度属于公共法律服务领域的重要创新，其涉及管理体制、服务方式、供给渠道、服务技术等诸多方面。浙江作为较早推行并率先在县（市、区）基本实现工商联（商会）法律顾问制度目的的省域，既在探索过程中积累了生动的实践经验，也遇到了一些改革过程中不可避免的难题或者障碍。

一是对工商联（商会）法律顾问制度的性质认识不清，导致制度建设"双重错位"。工商联（商会）法律顾问制度作为公共法律服务，要义在于公共性，关键在于建立政府主导、部门协同、社会参与的公共法律服务管理体制和工作机制，这也是其和企业法律顾问制度的最根本区别。但是实践中，由于对工商联（商会）法律顾问制度的性质认识模糊，工商联（商会）法律顾问制度建设中出现了"双重错位"现象。其一，主体错位。依据《指导意见》，各级司法行政机关和工商联在商会法律顾问制度建设中应当居于主导地位。但是评价结果显示，迄今，尚有33个县（市、区）未建立健全工商联（商会）法律顾问相关制度；其中，松阳县甚至"主次颠倒"，以律师事务所制订的法律顾问工作方案代替工商联（商会）法律顾问制度，司法行政机关和工商联在商会法律顾问制度中的统筹、协调、管理作用未充分发挥。其二，服务对象错位。《指导意见》规定"商会法律顾问主要办理商会发起、设立、报批过程中的文书起草和登记，对商会履职提供法律意见和建议，为商会决策提供法律论证，代理商会参加诉讼、仲裁和谈判，调节商会会员矛盾纠纷以及商会法律培训、法律咨询等事务"。由此可见，商会是商会法律顾问服务的主要和直接对象。但是项目组在评价中发现，部分县（市、区）将工商联（商会）法律顾问的服务对象"误解"为企业而非商会，误将企业的法律顾问作为工商联（商会）的法律顾问，这种情况在材料中并不鲜见。

二是制度建设仍是薄弱环节。如前所述，"县（市、区）推进律师担任县级工商联（商会）法律顾问制度运行情况"子项指标测评，采用了两个测评维度：应然层面的各县（市、区）是否建立律师担任工商联（商会）法律顾问制度，以及实然层面的各县（市、区）工商联（商会）是否实际聘用律师作为法律顾问。评价结果显示，各县（市、区）在应然层面的制度建设方面失分率为37.38%，远高于实然层面3.37%的失分率。56个已经建立健全工商联（商会）法律顾问制度的县（市、区），有接近50%的县（市、区）是在《指导意见》印发4年后的2018年制定相关制度，而且制度文本照搬照抄现象较严重，缺乏结合地区、行业特点的制度创新和具有可操作性的具体措施。例如，关于商会法律顾问服务内容的规定，有31个县（市、区）直接照搬《指导意见》规定，有10个县（市、区）直接套用政府法律顾问或者企业法律顾问服务内容。

三是工商联（商会）法律顾问制度与既有公共法律服务资源缺乏有效整合。浙江商会在协同社会治理方面走出了一条"党委领导、政府主导、工商联引导、商会参与"的社会治理路子。实践中，浙江省工商联和省律师协会共同成立浙商律师服务团，组织成员开展法律服务进民企"风险防范巡诊演讲"活动，为浙商提供法律宣传和优质法律服务；构建"商会调解＋仲裁"和"商会调解＋司法调解"的民事纠纷解决机制等，浙江商会这一系列在公共法律服务领域先行先试的特色和亮点，为推进工商联（商会）法律顾问制度提供了组织基础和有利条件，但是也随之提出了公共法律服务资源整合问题。据不完全统计，29个县（市、区）在建立商会法律顾问制度的同时，还存在着法律顾问团、法律服务中心、人民调解委员会等公共法律服务资源（具体情况参见表6-2）。其中，以杭州市余杭区为例。余杭区根据《杭州市司法局惠企便民法律服务工作实施方案》（杭司〔2017〕63号）和《杭州市余杭区司法局惠企便

表6-2　　　　各县（市、区）与商会法律顾问制度
并存的公共法律服务资源分布

公共法律服务资源形式	地区分布	数量
法律顾问团	杭州：余杭区、上城区、富阳区、桐庐县 温州：龙湾区 嘉兴：海宁市、嘉善县 湖州：南浔区 绍兴：柯桥区 台州：温岭市 丽水：松江县	11
法律服务中心（法律工作委员会）	杭州：下城区 宁波：慈溪市、镇海区、江北区 温州：瑞安市 嘉兴：桐乡市、嘉善县 舟山：定海区	8
人民调解委员会	宁波：鄞州区、奉化区 台州：椒江区	3
泰商驿站	温州：泰顺县	1
维权服务中心	嘉兴：秀洲区 衢州：江山市	2
免费法律体检	绍兴：新昌县	1
法律服务团（宣传、律师、公证、人民调解）	金华：永康市	1
法律服务机构联系商会制度（律师事务所、法律服务所结对商会）	台州：路桥区、临海市、玉环市	3

注：本项统计以各县（市、区）为推进律师担任县级工商联（商会）法律顾问提供的相关材料为准。

民法律服务工作实施方案》（余司〔2017〕20号）等文件要求，先后成立余杭区行业协会、商会法律顾问团。法律顾问团的服务内容包括：为行业协会、商会及会员企业提供法律咨询；利用互联网等多种形式进行法律法规政策宣传和解读，定期开展相关法律知识讲座；在行业协会、商会的组织下，对会员企业的经营情况进行"法律体检"；对以行业协会、商会为法律主体参与的重大民事、经济行为进行法律评估，为行业协会、商会活动风险防范提供法律论证意见；会员企业选择顾问团成员代理具体法律事务，享受常年法律顾问单位优惠。余杭区法律顾问团的服务内容基本涵盖了商会法律顾问的服务内容，那么它究竟属于商会法律顾问制度的一种特殊形式，还是作为商会法律顾问制度的一种外延补充，相关文件并未予以明确，这为商会法律顾问工作机制的进一步完善以及管理和考核等制度制造了障碍，影响了公共法律服务资源的最大化利用以及商会协同社会治理作用的发挥。

四　对策建议

工商联（商会）法律顾问制度是新情况新问题，在实践中不能束手无策，也不能停留在现有的经验和水平上，要坚持问题导向，善于通过制度创新，使其与时俱进，把开展有效法律服务作为工商联经济服务体系的重要组成部分而不断优化完善。

（一）推进工商联（商会）法律顾问制度管理体制创新

提高站位，在省级层面进一步科学谋划和布局工商联（商会）法律顾问制度建设的新体制新平台新力量。要加强统筹协调，健全完善党委领导、政府主导、部门协同、社会参与的公共法律服务管理体制和工作机制；同时，要突出重点，着力在规划编制、政策衔接、标准制定和实施、服务运行、财政保障等方面加强与工商联（商会）法律顾问制度的衔接，确保工商联（商会）法律顾问制度在基层真正"落得了地、扎得下根"。

（二）强化工商联（商会）法律顾问制度建设

重点加强服务内容标准化，以及选任、管理、考核规范化建设，参照法律顾问制度的新要求，完善工商联（商会）法律顾问选用标准、业务规范、工作流程等，进一步加强工商联（商会）法律顾问制度供给，释放制度红利，促进商会法律顾问服务能力和水平提升。

（三）加强资源整合

法治建设的重点与难点均在基层。因此，建议在县级层面统筹、整合各类公共法律服务资源，把工商联（商会）法律顾问纳入基层公共法律服务平台统一管理；同时，充分发挥商会在推进社会协同治理方面的组织和制度优势，加强涉企公共法律服务和社会治理的功能整合。

（四）统筹推进分类指导和典型示范

要组织引导各地司法行政机关和工商联根据地方特点，因地制宜，发现、总结工商联（商会）法律顾问需求的差异，进一步完善符合地方实际需要的法律服务内容。例如，在当前稳企业、防风险大势之下，可以适时总结商会企业各类预防法律风险、危机处置的路径和成功案例，定期发布企业法律风险预警提示，并将其作为法律服务内容。此外，还要及时总结、交流各地区工商联（商会）法律顾问制度的先进经验，在加强线上线下互动、建立完善工作机制和管理制度、有效整合公共法律服务资源等方面树立典型，宣传推广创新改革成果，扩大典型示范效应。

第七章　县（市、区）营商法律服务能力提升评估

在营商法治环境中，从事商事活动的各方主体不仅需要由政府和司法机关提供的政务服务和司法服务，也需要由市场和社会提供各种类型的服务，尤其是由律师和律师事务所提供的优质专业法律服务。在"打造最佳营商环境"实践中，浙江各级司法行政机关协同当地律师事务所开展了形式多样的法律服务专项行动。除了组织辖区内企业参与各类线上线下法治宣传活动外，部分地区还通过推动企业设立公司律师、聘请法律顾问，组织专业法律服务团上门为企业提供"法律体检"等多种形式加强企业与专业法律服务人员和机构的联系。其中，"之江法云"等统一法律服务平台的打造，更是为企业获得优质专业法律服务、获得法律资讯，构建了覆盖全省的专业线上资料库。因此，从事营商法治环境测评，应当将企业能否在需要时便捷地获得优质专业法律服务，纳入测评范围，这也是区域营商软环境的体现。

一　法律服务助力营商环境优化的三重路径

传统法治强调的是良法善治，即法律能反映人民意志和根本利益、能反映公平正义等价值追求、符合社会发展规律、反

映国情社情民情，同时治理过程能体现民主治理、依法治理、社会共治等要求。① 但现代法治在此基础上提出了更高要求，即构建崇尚公平、正义、安全及可持续发展等价值理念的法治环境。以此为基础，营商法治环境至少可以划分为三个层次：在宏观层次上是营造崇尚公平正义价值的法律文化环境；在中观层次上是建立完善与营商环境相关的法制体系和操作规则；在微观层次上是在具体的商事活动中依法履行权力责任义务，保障公正司法。② 而律师等法律服务工作者在这三个层次上也能对应地发挥其不可替代的职能，共同促进区域内营商法治环境的改善。

（一）宏观层次：营造公平正义营商法治文化

公平正义的营商法治文化环境是一切商业行为得以顺利运行的基本背景，也直接或间接影响了参与商业活动的各方主体的基本行为逻辑和目标价值取向。

律师等法律服务工作者参与营商法治文化环境建设，有助于形成由自由的市场秩序决定资源要素的配置，最大限度地减少其他非法律所允许的权力关系对于自由市场的干预。律师等法律专业人士的参与保障了商事活动中不同主体间地位平等和机会平等，使得商业主体不会因为其法律性质不同、规模不同而受到歧视或差别待遇。律师等法律专业人士所提供的服务很大程度上也为市场经济的信用提供了重要的可预期背书，促成了诚信商业文化的广泛接纳。受到专业法律服务所保障的财产安全和人身权益也使得商业主体愿意并且持续地进行商业投资，保障了勤勉自律的商业精神得以持续。

---

① 王利明：《法治：良法与善治》，《中国人民大学学报》2015年第2期。
② 崔红、吴钟秀：《营商法治化环境的内在逻辑与建设》，《辽宁经济》2018年第9期。

律师等法律服务工作者不仅可以通过其行为促进自由、公平、诚信和可持续发展价值在营商文化环境中的传播和扩大，这一特定职业群体和服务的存在也是现代市场和社会结构中不可或缺的重要构成。因而，律师和法律专业人士的服务质量和服务能力与区域的营商法治环境之间存在着密切的联系。

（二）中观层次：完善高效统一营商法制体系

尽管法律和相关政策在全国层面上是统一的，但在具体商事活动中，地方的法规政策，以及对于相关制度的操作程序均可能对商业主体的权益产生影响。

律师等法律服务工作者可以通过担任政府法律顾问、为相关政策建议提供专业法律咨询、监督政府依法行政等多种方式为完善营商环境的法治体系提供专业意见。例如完善商事主体的准入和注销程序的合法性审查，对涉及财政、税收、金融、产业政策、价格监管、反垄断、反不正当竞争等经济法制度和市场规制手段进行法律监督，对相关知识产权保护予以督促。此外，律师等法律服务工作者也可以为商事仲裁制度、行业协会管理等由非政府组织介入等市场干预行为提供制度合法性意见，进而完善相应市场调节设置的有效性。

现代市场环境中影响商业行为的制度网络日趋复杂，由不同主体所制定的制度在实施过程中存在碎片化，甚至是相互矛盾的可能性。律师等专业人士的广泛参与有助于形成高效统一的营商法律制度环境，使得法治体系能够更加贴近市场营商主体的现实需要。

（三）微观层次：落实司法效能与司法正义

在解决具体的营商纠纷、维护市场主体权益方面，律师等法律服务工作者为市场主体提供了个性化、定制化的专业服务，为企业正常经营和发展壮大提供了重要保障。

首先，律师作为企业法律顾问能够为企业与其他经营主体签署交易合同、诚信履行协议义务、协商解决争议纠纷提供专业意见，避免企业因未能预期相应法律风险而蒙受损失。律师的专业意见同时对企业完善财务、纳税、缴纳职工社会保险等内部管理，自觉履行法定义务提供了参考。正是源于律师的专业服务，许多争议纠纷被化解在了矛盾爆发和扩大之前。

其次，一旦企业的利益因经济犯罪或其他民商纠纷而面临遭受损失的风险，律师能够帮助企业运用法律诉讼的手段，维护自身合法权益。律师对于相关法律制度以及处理程序的专业了解，有助于促进司法监督机制的高效运行、提高司法效率、促进司法公正。随着浙江企业涉外经贸合作日趋增多，具备涉外法律知识的律师也能够为企业跨境合作，甚至海外投资提供专业的法律支持。

最后，律师等法律服务工作者的专业服务不仅能够帮助企业更好地处理具有法律效力的相关文书和向政府提交的申请材料，也能够帮助企业规避不合理的行政干预，有助于构建亲清政商环境。随着浙江"最多跑一次"改革的不断深入，政府在减税降费和创新市场监管等方面都做了大量改革，而相关制度的调整也更加体现律师专业服务的含金量。

二　实施法律服务能力提升行动的具体目标

2018年4月，浙江省司法厅为贯彻落实中央和省委省政府相关部署，进一步发挥司法行政职能作用，助推浙江打造最佳营商环境工作，决定在全省开展为期一年的"打造最佳营商环境法律服务专项行动"，并印发《行动方案》。《行动方案》中提出了七项主要任务，其中第七项就是"实施法律服务能力提升行动"。本部分着重围绕该行动的四方面具体工作内容展开介绍。

（一）组建重点领域重点区域法律服务联合体

浙江位于东部沿海发达地区，在经济改革和对外开放事业中承担着勇立潮头的责任担当。在深度参与"一带一路"建设过程中，浙江不仅是中国制造产品跨境贸易的重要输出地，也是中国企业进行跨国投资的重要资金流出地。因此，浙江各地的法律服务必须适应新时代经济社会发展的新要求，以更高质量的法律服务和综合实力助力"一带一路"建设，助力陆上、海上、空中、网上互联互通中的跨国合作。此外，在浙江省内的大湾区、大花园、大通道、大都市区建设中，区域法律服务也扮演着不可或缺的角色。

应该说，市场主体的多元化造就了法律服务需求的多元化，而提供相应法律服务的律师事务所的规模和专业特长也必然出现分化。例如，相对大型律师事务所主要为大型企业服务，中小型律师事务所主要为中小型企业服务，还有一些专业性律师事务所主要从事特定类型的专业法律服务，如保理业务等。从行业发展趋势而言，以非诉法律师事务为主的律师事务所，其团队运作模式可能更适应于大型公司化运作，而以诉讼业务为主的律师事务所，其团队运作模式更适用以一个或几个著名律师为核心的精干团队经营。但从组织规模角度来看，截至2018年底，浙江共有律师22772人，相较于5737万的常住人口、56197亿元的地区生产总值（GDP），法律专业服务队伍仍存在规模偏小、专业能力不强等结构性问题，难以适应新时代经济社会发展的现实需要。

正是基于上述认识，《行动方案》提出"组建以规模品牌所为主的法律服务联合体（联盟），推动法律服务资源共享，业务共办，打造法律服务新高地"的具体目标。通过组建法律服务联合体，能够在机制上更好地发挥规划化和品牌化的优势，促成浙江各地专业法律服务力量的创新组合。一方面，强调以专业服务、特色服务为核心的品牌建设，提升品牌律师事务所的社会感召力；另一方面，强调通过多种方式的资源共享和业务共办，破除机构门户之见，更大程度地有效利用区域内专业服务资源。

（二）推动法律服务业均衡化发展

受到各地经济社会发展不均衡态势的影响，浙江区域法律服务存在着不均衡性。首先，杭州、宁波、温州等中心城市对外开放水平相对更高，区域内法律服务专业人才也相对集中，而衢州、丽水等浙西南地区法律专业服务人才的数量相对较少，所能提供的服务类型也相对有限。其次，县域内律师等专业人才储备也明显落后与中心城区，企业一般无法在当地获得专业化的商事涉法服务。

为了提升县域法律服务水平，《行动方案》有的放矢，提出"开展县域律师人才专项培养行动，培训县域律师1000人"。具体途径包括组织引导省市名所与县域律所结对，统筹协调、组织县域律师到省内名所交流学习，给予县域律师近距离接触涉企专业法律服务的机会，从而提升县域律师在企业上市、破产重组等重点领域的实务能力。

（三）培养青年律师领军人才

青年是国家的未来，也是律师行业的未来。帮助青年律师更好地成长，为青年律师提供更多的成才机遇，是提升区域法律服务水平的关键所在。在当前营商法治环境建设重要性得到更大重视的条件下，青年律师大展宏图恰逢其时。

应该注意到，由于目前各律师事务所均面临市场竞争和自身品牌管理两方面的压力，对于新入职律师可能缺乏必要的"传帮带"机制和力量。青年律师也很难获得将理论知识向实务技能的转化机会，因此迫切需要通过司法行政机关以及律师协会等组织的有为之举,为青年律师成长成才提供平台。

《行动方案》提出"结合'名所名品名律师'培育工程和律师人才培养行动计划,举办各级青年律师人才训练营、培训班,加快青年律师培养"的任务目标。全省各地创新引入多种举措,通过打造平台、建立学习交流制度,提升青年律师专业能力。例如杭州通过举办杭州律师论坛、青年律师训练班、公证从业人员和司法鉴定人员继续教育等多种形式,为各法律服务机构提供系列专题研讨和专门培训。①

(四)加强涉外法律人才培育

浙江经济具有明显的外向型特征,近年来又积极对接"一带一路"建设,对外经济发展表现出强劲增长态势。② 党的十八大以来,在实施"走出去"战略和"浙商回归"工程中,浙江涉外法律服务业稳步发展,相关专业队伍不断壮大、领域持续拓展、质量逐步提升。

大力培育涉外法律人才,提升在金融、投资并购、国际贸易、仲裁等涉外法律业务中的专业服务能力,需要从多方面入手。2017年9月,浙江省司法厅会同省人力资源和社会保障厅、省商务厅、原省政府外事侨务办、原省政府法制办共同制定出台《关于发展涉外法律服务业的实施意见》,对浙江省建立健全涉外法律服务工作机制、加强涉外法律服务队伍建设等作出初步部署。《行动方案》承继前述精神,进一步提出"加强与境外法律服务机构业务协作,支持律师、公证员等法律服务人员参与国际法律交流研讨",为更好满足各类跨境法律服务需求提供

---

① 《杭州打造最佳营商环境法律服务专项行动初显成效》,"中国杭州"政府门户网站,2018年9月20日,http://www.hangzhou.gov.cn/art/2018/9/20/art_812262_21483582.html,访问时间:2019年3月10日。

② 李贤祥:《"一带一路"与浙江外向型经济》,《中共浙江省委党校学报》2017年第3期。

三 县域法律服务能力的评价
过程与结果

针对《行动方案》提出法律服务能力提升的四方面任务，本次评估主要从公正性和数据可获得性的角度，选择县（市、区）律师（律所）执业认同度和县（市、区）涉外律师储备情况等两项内容作为主要评价指标。本部分主要介绍这两项评价指标的评价方法和评价结果。

（一）县域律师（律所）执业认同度

县域律师（律所）执业认同度旨在测评各县（市、区）律师（律师事务所）执业所获的认同度，通过受行业公认的律师业务能力，反映当地律师执业水准。该指标的具体测评方法为：以浙江省律师协会2018年3月公布的《关于评定高振华等115名律师为浙江省优秀专业律师的决定》和《关于认定浙江浙杭律师事务所等52家所为首批"浙江著名律师事务所"的决定》（2017年）、《关于表彰第二批"浙江著名律师事务所"的决定》（2018年）等系列文件为数据库，溯源入选的各律师执业的律师（律师事务所）的所在县（市、区），以此归集各县（市、区）拥有上述三批优秀专业律师/著名律师事务所的数量。为避免个别区（市、区）数量过高而对整体评分产生异常影响，该指标评分按照下列公示进行换算：

$$Y = (maxSeq - X) / (maxSeq - minSeq)$$

该公式中，Y表示该县（市、区）指标得分；X表示该县（市、区）在全部89个县（市、区）中由高到低的排名；minSeq表示排名最前，计数为1；maxSeq表示排名最末，计数为89。

具体数据整理过程中，依据"神州律师网"（http：//

www.zjbar.com，此网站主办方系浙江省律师协会）所公示的律师和律师事务所信息，对截止到 2018 年 12 月底的优秀专业律师和著名律师事务所信息进行了逐一核对。其中，律师以其当前执业的律师事务所作为服务所在地，律师事务所以其公示的住所地作为服务所在地。由此分别确认了 115 名优秀专业律师，以及两批总计 82 家著名律师事务所的服务所在地。

从评价结果来看，杭州西湖区以总计 25 名/家优秀专业律师或著名律师事务所排名第一，温州鹿城区和宁波鄞州区以 24 和 22 名/家分列第二、三名。但由于法律服务能力分布不均衡，全省有 48 个县（市、区）辖区内没有任何优秀专业律师或著名律师事务所。

（二）县域涉外律师储备情况

县域涉外律师储备情况旨在考察被测评县（市、区）司法行政机关培育当地涉外律师的效果。该指标的具体测评方法为：以省司法厅公布的《浙江省涉外律师人才库》为基准，溯源入选的各律师执业的律师事务所的所在县（市、区），以此归集各个县（市、区）涉外法律服务储备情况。为避免个别区县数量过高而对整体评分产生异常影响，该指标评分同样按照上一个指标的计算方法，在此不再赘述。

具体数据整理过程中，依据"神州律师网"所公示的律师信息，对截止到 2018 年 12 月底的涉外律师人才信息进行了逐一核对，并以律师当前执业的律师事务所作为服务所在地。由此确认了 95 名涉外律师的服务所在地。

从评价结果来看，杭州西湖区以总计 25 名涉外律师人才排名第一，宁波鄞州区和杭州江干区以 14 名和 8 名涉外律师人才分列第二、三名。但由于涉外律师人才总量较少，全省仅有 21 个县（市、区）辖区内至少拥有一名以上的涉外律师人才。

附　　录

一　《浙江省司法厅打造最佳营商环境法律服务专项行动方案》（浙司〔2018〕44号）

为深入学习贯彻党的十九大、全国"两会"、省第十四次党代会和十四届二次全会精神，认真落实省委省政府工作部署，进一步发挥司法行政职能作用，助推我省打造最佳营商环境工作，决定在全省开展为期一年的"打造最佳营商环境法律服务专项行动"，特制定方案如下：

一、总体要求

以习近平新时代中国特色社会主义思想为指引，坚持新发展理念，主动融入新时代经济建设新征程，积极回应高质量发展的法律服务需求，以深化司法行政"最多跑一次"改革为牵引，以服务"富民强省十大行动计划""四大建设""三大攻坚战"和乡村振兴战略为着力点，推广法律服务"惠企便民"活动成功经验，认真履行司法行政法律服务职责，创新服务方式，提高服务效能，努力为我省两个"高水平"建设作出积极贡献。

二、工作目标

通过开展"打造最佳营商环境法律服务专项行动"，推动司法行政工作提档升级，进一步营造浓厚的尊法学法守法用法氛围，进一步推进公共法律服务体系建设，进一步构筑牢固的企业法律风险"防火墙"，进一步提升营商环境法律服务水平。

三、主要任务

（一）实施营商环境法治保障行动

1. 加强营商环境法治宣传。按照"谁主管谁负责""谁执法谁普法"的普法责任制要求，指导相关主营部门紧扣企业在投资设立、经营管理、合同履行、关停并转等环节的法律需求，开展专项法律法规宣传、法律知识教育活动。将营商环境法治保障等相关法律法规纳入国家工作人员学法用法重点内容，促进依法行政、依法办事，为优化营商环境营造良好法治氛围。

2. 提升市场主体法律素养。结合法律进企业、进市场和诚信守法企业建设等工作加强企业经营管理人员和职工学法用法，大力宣传企业经营者遵法学法守法用法先进典型，提升市场主体诚信守法、依法经营、依法办事的意识和能力。

3. 发挥典型案例示范作用。发布一批法律服务营商环境典型案例，编写依法经营案例指引，开展以案释法活动。

（二）实施营商法律风险防范行动

4. 扩大公共法律服务覆盖面。各地公共法律服务中心要在当地经济技术开发区、高新技术园区、产业园区等设立公共法律服务工作站。

5. 加大律师担任企业法律顾问工作力度。完善律师担任企业法律顾问工作制度，制定工作指引，提升担任企业法律顾问工作律师的专业素养，推动形成与我省经济社会发展和法律服务需求相适应的企业法律顾问制度体系。

6. 充分发挥公司律师作用。鼓励企业积极开展公司律师工作，加强公司律师业务培训，推行律师事务所和公司法务部门合作机制，提升企业自身法律事务管理能力，促进企业依法经营、合规管理、防范风险。

7. 发挥基层法律服务工作者作用。加强对基层法律服务工作者的培训，提升业务能力，为当地乡镇（街道）、村（社区）小微企业和群众提供便捷高效的法律服务。

8. 建立企业法律风险预测预警机制。推进律师协会建立企业经营风险提示机制,汇集律师服务企业工作信息,适时发布提示。企业法律顾问律师要为企业系统梳理在治理结构、经营管理及知识产权保护等方面的风险,健全经营风险防控体系,加强对企业经营法律风险预测、预警、预防。

9. 加大金融领域风险防范法律服务力度。做好企业上市、并购重组、企业担保等活动的法律指导。充分发挥律师破产管理人的作用,指导企业灵活采用破产清算、和解、重整等方式应对经营风险。

10. 充分发挥公证在推进金融业健康发展中的支持保障作用,拓展企业新型融资公证业务,助力企业解决融资难、融资贵等问题。

11. 开展企业经营者刑事风险防范法律服务工作。各级司法行政机关和律师协会要组织开展以企业家刑事风险防范为主题的法律宣讲、研讨活动,促进企业家依法经营、安全创业。

12. 创设投资者法律援助新机制。鼓励法律援助机构结合当地实际进一步放宽投资者申请法律援助的审查标准。通过政府购买服务等形式,加大对投资者法律救助力度,将投资者涉及的行政纠纷、投资经营纠纷纳入法律救助范围,为投资者投资经营涉及法律问题提供法律咨询、维权指引等法律服务。加大对劳动争议法律援助案件多方协调、沟通力度,推动构建和谐劳动关系。

(三) 实施企业矛盾纠纷化解行动

13. 健全发展人民调解组织。推动各类经济技术开发区、高新技术园区、产业园区人民调解组织建设的全覆盖。加强网络交易、知识产权等新型调解组织建设。

14. 开展涉企矛盾纠纷集中排查化解专项行动。拓展涉企矛盾纠纷多元化解渠道,全力化解涉企特别是涉中小企业矛盾纠纷。

15. 开展律师商事纠纷调解工作。鼓励和支持律师发挥专业优势，在商事纠纷调解中主动承担社会责任、体现社会价值。

（四）实施知识产权保护行动

16. 推出知识产权保护法律服务项目。根据知识产权法律保护发展需要，研发法律服务新项目，组织律师开展知识产权巡回宣讲，为企业提供点对点、面对面的法律服务，帮助企业建立健全专利、商标、专有技术、商业秘密等保护制度，进一步维护企业经营管理者人身权、财产权、自主经营权和创新权益。

17. 开展企业知识产权法律法规专题培训。举办企业知识产权竞争策略实务研修班，企业经营管理者人才、产业技术研究和应用人才专题培训班，围绕商标权利保护、反不正当竞争、商业秘密保护等主题，帮助企业加强知识产权的运用和保护，提升企业保护、运用知识产权的意识。

18. 深化公证机构服务知识产权保护。发挥公证证明作用，主动为市场主体技术创新和知识产权保护提供数据存管、证据保全及合同公证等服务，助力企业创新发展和转型升级。

（五）实施法律服务模式创新行动

19. 开展全程式法律服务。引导律师事务所主动介入从政府招商引资到企业初创、发展、破产重组等全过程，通过跟进式服务，延伸服务触角，拓展服务长度。

20. 推进标准化法律服务。指导律师、公证行业加强对前沿领域的法律问题研讨和法律服务市场调研，主动设计流程，形成浙江省营商环境法律服务产品目录，适时公布一批专业法律服务机构名录，让政府和企业自主选择服务内容和机构。

21. 扩大精准化法律服务。针对小微企业特性，开展扶助小微企业法律服务专项行动，深化拓展小微企业"法律体检"包、小微企业法律培训包和小微企业线上服务包等法律服务产品内容，降低小微企业法律服务成本。

22. 加强与商会协会合作。组建"浙商律师团"与"浙商法律服务联盟"，开展法律服务浙商活动。推荐优秀律师担任行业协会法律顾问，推动在各地工商联设立法律工作者联络员制度，依托商会、协会平台，对接企业家的法律服务需求；通过法律培训、法治论坛、法律帮扶等措施，增强行业协会法治意识，提升依法管理水平。

23. 建立"营商环境最佳法律服务"评价机制。开展营商环境法律服务群众满意度调查，引入第三方评价机制，发布"营商环境法律服务指数"。

（六）实施法律服务数字化转型行动

24. 深化"最多跑一次"改革。全面推进"一窗受理、集成服务"，大力推广网上办事，提升办事事项"一网通办""一证通办"率，确保所有审批事项"最多跑一次"。促使更多法律服务事项"最多跑一次"，力争"零上门"办理、"掌上办事"。

25. 用数字化转型促进法律服务方式方法转型。将办事系统对接浙江政务服务网和省数据共享平台，加快构建标准统一的全省司法行政数据共享中心，实现办事所需相关电子证照、证明材料按需调用、网上核验，进一步方便群众和企业办事。

26. 实现法律服务流程再造。依托数字化技术，进一步简化办事业务模式。依托公共法律服务平台（12348浙江法网），拓展网上便民法律服务功能，统一线上线下服务标准，推进网上网下业务协同，提高法律服务效率。

27. 推进公共法律服务智慧运用。探索建立数字化法律服务机构，支持设立电子数据司法鉴定机构、互联网公证处，引导律师事务所提高数字化服务水平。打造网上法律服务超市，建立便捷的、"供""需"迅速匹配的、优质的法律服务机构导引，努力为市场主体提供多层次、多领域、一站式、智能化的公共法律服务。

28. 完善法律服务网上监管系统。全面运用"双随机、一公开"监管平台加强法律服务工作管理，实现"数据对人""数据盯人"，做到精准服务、精准监管，推进执法执业公开透明、阳光运行。

（七）实施法律服务能力提升行动

29. 组建重点领域重点区域法律服务联合体。鼓励、引导法律服务工作者深度参与"一带一路"建设，积极参与大湾区大花园大通道大都市区建设，组建以规模品牌所为主的法律服务联合体（联盟），推动法律服务资源共享，业务共办，打造法律服务新高地。

30. 推动法律服务业均衡化发展。开展县域律师人才专项培养行动，培训县域律师1000人。组织引导省市名所与县域律所结对，统筹协调、组织县域律师到省内名所交流学习，提升县域律师在企业上市、破产重组等重点领域的实务能力。

31. 培养青年律师领军人才。结合"名所名品名律师"培育工程和律师人才培养行动计划，举办各级青年律师人才训练营、培训班，加快青年律师培养。

32. 加强涉外法律人才培育。大力发展涉外法律服务业，加强金融、投资并购、国际贸易、仲裁等涉外法律业务培训，提升涉外法律服务能力。加强与境外法律服务机构业务协作，支持律师、公证员等法律服务人员参与国际法律交流研讨，更好满足各类跨境法律服务需求。

四、工作要求

（一）切实提高站位

营商环境是一个国家或地区经济软实力和竞争力的重要体现。营商法律环境是营商环境的重要内容。开展"打造最佳营商环境法律服务专项行动"是司法行政部门围绕中心、服务大局的必然要求，是贯彻落实省委决策部署的具体行动，是为经济社会发展提供高水平公共法律服务的重要内容，对于进一步提高浙江经济发展水平、提升核心竞争力、促进高质量发展具有重要意义。全省各级司法行政机关要充分认识开展"打造最佳营商环境法律服务专项行动"的重要性，自觉把思想和行动统一到厅党委的决策部署上来，牢记使命，勇于担当，扎实组织实施好"打造最佳营商环境法律服务专项行动"。

（二）强化组织领导

省厅成立以厅长为组长，相关分管厅领导为副组长，厅机关相关业务处室负责人为成员的"打造最佳营商环境法律服务专项行动"领导小组及办公室，办公室设在厅法制处。各地各单位要牢固树立政治意识、大局意识、责任意识，切实将最佳营商环境法律服务专项行动工作摆上重要议事日程，及时向当地党委政府和上级部门报送工作动态和取得的成效，争取各级领导对活动的重视和支持。

（三）加强沟通协调

要建立健全政府、企业和法律服务机构的沟通机制建设，畅通法律服务"供给侧"和"需求侧"有效衔接。加强与当地国资委、建委、工商联、科技等涉企部门和各类商会的沟通协调，积极搭建平台，共同推进营商环境法律服务专项行动。

（四）狠抓督促落实

要按照"工作项目化、项目清单化、清单责任化"的要求，将"打造最佳营商环境法律服务专项行动"的每项举措都分解成具体项目，定目标、定人员、定责任、定期限，从严从实从细抓好落实。省厅将建立厅领导联系地市制度，结合"不忘初心、牢记使命"主题教育活动、"七五"普法中期检查等工作，对各地工作开展情况进行专项督查，并将专项行动开展情况纳入省厅对市局综合考评内容。

（五）注重总结宣传

各地要结合自身实际，创特色、创品牌，注重工作总结，将一些行之有效的经验和典型做法固化为制度成果。要和极运用"之江法云"微信塔群、"浙江普法"新媒体平台，加强专项行动宣传。主动与主流媒体进行对接，适时组织开展采访报道、举行新闻发布会，积极宣传特色做法和亮点工作，努力为"打造最佳营商环境法律服务专项行动"营造良好的舆论氛围，不断扩大司法行政工作的社会影响力。

二 浙江省营商环境法律服务评价指标体系子项目

——司法行政服务营商环境效度测评体系

一级指标	权重	二级指标	序号	三级指标	权重	测评方式
营商环境法治保障	13	基层政府对营商法治环境工作重视度	1	基层政府部署营商环境法律服务工作情况	3	专业测评
		专项法律法规宣传、法律知识教育活动开展情况	2	各地优化营商环境法律服务实践被"之江法云""浙江普法""省司法厅网站"宣传报道情况	2	专业测评
			3	各地司法局微信公众号与部门网站报道营商环境法治保障工作情况	2	专业测评
		律师数量与各地经济发展的匹配度	4	各地律师数量（律师万人比）与各地经济发展匹配度	3	自评
		典型案例示范	5	法律服务营商环境典型案例与当地经济发展关联度	3	专业测评

续表

一级指标	权重	二级指标	序号	三级指标	权重	测评方式
营商法律风险防范	17	公共法律服务平台建设情况	6	园区公共法律服务工作站覆盖率	1.5	自评
			7	星级公共法律服务工作站占比	1.5	自评
		经营者刑事法律风险防范法律服务	8	组织开展以企业家刑事风险防范为主题的法律宣讲情况	2	自评
		政商交往"负面清单"公开	9	各地政商交往"负面清单"公开情况	3	专业测评
		企业法律顾问	10	出台倡导律师担任企业法律顾问的相关政策或采取相应措施情况	3	自评
			11	新增企业法律顾问单位任务达标情况	2	自评
		培训企业法务人员数	12	组织培训企业法务人员数达标情况	2	自评
		开展企业法律体检数	13	组织开展企业法律体检家数达标情况	2	自评
企业矛盾化解	12	园区人民调解组织新增数量及覆盖率	14	各类园区新建调解委员会数量达标情况	1.5	自评
			15	设立人民调解组织的各类园区数量与当地各类园区总数量之比	1.5	自评
		劳动人事争议案件化解情况	16	各地劳动人事争议仲裁案件结案率	3	专业测评
		涉企矛盾纠纷集中排查化解专项行动情况	17	各地组织开展涉企特别是涉中小企业矛盾纠纷化解工作情况	3	自评
		行业性、专业性调解组织及企业自身调解组织矛盾纠纷化解率	18	行业性、专业性调解组织及企业自身调解组织成功化解的纠纷数量占当年本地区企业营商相关纠纷数量比例	3	自评

续表

一级指标	权重	二级指标	序号	三级指标	权重	测评方式
知识产权保护	10	企业知识产权公证业务占比	19	企业知识产权公证业务占全部公证业务总量的比例	2	自评
		办理涉及知识产权法律事务增长率	20	办理知识产权法律事务增长率达标情况	2	自评
		知识产权保护巡回宣讲（培训）	21	组织开展知识产权保护巡回宣讲（培训）情况	2	自评
		企业申请知识产权授权率	22	县（市、区）企业申请知识产权获授权数量与各地生产总值比例	4	专业测评
法律服务模式创新	10	帮扶小微企业法律服务	23	组织开展法律帮扶小微企业活动达标情况	2	自评
		"浙商律师团""浙商法律服务联盟"建立	24	推动各地组建"浙商律师团""浙商法律服务联盟"情况	3	专业测评
		法律工作者联络员制度建立	25	推动各地工商联设立法律工作者联络员制度落实情况	3	专业测评
		营商环境法律服务产品研发	26	各地研发营商环境法律服务产品达标情况	2	自评
法律数字化转型	8	政务服务网利用效度	27	浙江政务服务网显示的各县（市、区）政府职能部门办事效率	4	专业测评
		新媒体平台联动工作机制实施情况	28	各地新媒体平台对重要信息协同发布情况	4	专业测评
法律服务能力提升	10	县域青年律师培训	29	组织开展县域青年律师培训任务完成情况	2	自评
		法律服务业均衡化发展	30	统筹协调、组织县域律师到知名律所交流学习情况	2	自评
		律师（律所）执业认同度	31	县（市、区）律师（律所）执业认同度	3	专业测评
		涉外律师储备	32	县（市、区）涉外律师储备情况	3	专业测评

续表

一级指标	权重	二级指标	序号	三级指标	权重	测评方式
加分指标	5	特色法律服务产品创新	33	针对重点、前沿领域的法律问题形成营商环境法律服务特色产品情况	5	专业测评

说明：

1. 测评方式中，"自评"是指由省司法厅从工作部署的角度，结合《各市打造最佳营商环境法律服务专项行动绩效目标考核表》的内容，并参考《司法行政服务营商环境效度测评体系》的指标、指标解释、测评与计算方法等自行对被测评对象评价、赋分；"专业测评"是指受委托的第三方机构依据《司法行政服务营商环境效度测评体系》，运用检索、材料征集等信息获取方式，采用科学的研究与测评方法量化评价被评估对象。

2. 测评过程中，上述评价指标和评价要素可根据实际需要调整和完善；同时，鉴于各市、县（市、区）机构改革尚未展开，因此，本指标体系仅是依托《浙江省司法厅打造最佳营商环境法律服务专项行动方案》所提炼，主要测评各地司法行政机关服务营商环境的主动性与成效。

3. 《司法行政服务营商环境效度测评体系》各项指标的数据来源限于时间关系，不可能跨越2018年全年度，因此，部分指标采取"截面数据"。

4. 《司法行政服务营商环境效度测评体系》总权重80分。其中，自评40分权重，专业测评40分权重；同时，尚有20分权重赋予社会满意度调查（主要是各地民众对当地营商环境的满意度），以期呼应浙江法治政府建设的"三方评价"体系，以及浙江省政府提出的"建立精准的评价体系，做到'政府绩效评价＋第三方评价＋群众满意度评价'有机统一"的要求。

5. 评价体系原则上以100分为限。为激励基层创新,发挥典型示范作用,特设加分项目5分。在2018年的具体应用中,考虑到各县(市、区)第三方评价得分的趋同性,从更注重基础、常规工作的评价导向出发,实测中经专家反复讨论,适当降低了加分权重,从原先的5分权重降至1.5分权重。

三　浙江省营商环境法律服务专业测评指标体系

一级指标	权重	二级指标	序号	三级指标	权重
营商环境法治保障	11	基层政府对营商环境法律服务工作重视程度	1	基层政府部署营商环境法律服务工作情况	4
		专项法律法规宣传、法律知识教育活动开展情况	2	各地优化营商环境法律服务实践被"之江法云""浙江普法""省司法厅网站"宣传报道情况	2
			3	各地司法局微信公众号与部门网站报道营商环境法治保障工作情况	2
		典型案例示范	4	法律服务营商环境典型案例与当地经济发展关联度	3
营商法律风险防范	4	政商交往"负面清单"公开	5	各地政商交往"负面清单"公开情况	4
企业矛盾化解	3	劳动人事争议案件化解情况	6	各地劳动人事争议仲裁案件结案率	3
知识产权保护	4	企业申请知识产权授权率	7	县(市、区)企业申请知识产权获授权数量与各地生产总值比例	4
法律服务模式创新	4	县级工商联(商会)法律顾问制度建立情况	8	县(市、区)推进律师担任县级工商联(商会)法律顾问制度运行情况	4

续表

一级指标	权重	二级指标	序号	三级指标	权重
法律服务数字化转型	8	政务服务网利用度	9	浙江政务服务网显示的各县（市、区）政府职能部门办事效率	4
		新媒体平台联动工作机制实施	10	各县（市、区）司法局媒体平台对省司法厅重要信息协同发布情况	4
法律服务能力提升	6	律师（律所）执业认同度	11	县（市、区）律师（律所）执业认同度	3
		涉外律师储备	12	县（市、区）涉外律师储备情况	3
加分指标	1.5	特色法律服务产品创新	13	针对重点、前沿领域的法律问题形成营商环境法律服务特色产品情况	1.5

四　各县（市、区）营商环境法律服务（专业机构评估）得分表

序号	县（市、区）	得分
1	杭州市萧山区	23.17
2	余杭区	24.12
3	西湖区	26.17
4	滨江区	17.00
5	上城区	22.03
6	下城区	24.18
7	富阳区	19.06
8	江干区	21.69
9	临安区	14.31
10	拱墅区	22.38
11	桐庐县	17.39
12	建德市	17.00

续表

序号	县（市、区）	得分
13	淳安县	14.30
14	宁波市鄞州区	25.67
15	慈溪市	24.50
16	北仑区	19.37
17	海曙区	25.08
18	余姚市	20.82
19	镇海区	14.18
20	奉化区	22.33
21	宁海县	15.07
22	象山县	15.59
23	江北区	24.21
24	温州市鹿城区	21.55
25	乐清市	15.30
26	瑞安市	24.65
27	龙湾区	18.05
28	瓯海区	22.51
29	苍南县	16.98
30	平阳县	19.67
31	永嘉县	18.53
32	泰顺县	16.58
33	洞头区	18.45
34	文成县	15.46
35	嘉兴市海宁市	20.53
36	桐乡市	17.57
37	平湖市	19.79
38	嘉善县	19.25
39	南湖区	22.93
40	秀洲区	24.07
41	海盐县	19.40
42	湖州市长兴县	13.21

续表

序号	县（市、区）	得分
43	吴兴区	19.16
44	德清县	20.88
45	南浔区	22.16
46	安吉县	16.88
47	绍兴市柯桥区	20.74
48	诸暨市	19.93
49	上虞区	20.39
50	越城区	20.10
51	嵊州市	15.85
52	新昌县	20.20
53	金华市义乌市	25.04
54	永康市	20.38
55	婺城区	21.79
56	东阳市	14.62
57	兰溪市	16.06
58	武义县	21.91
59	浦江县	23.22
60	金东区	20.29
61	磐安县	15.68
62	衢州市江山市	18.03
63	龙游县	15.7
64	柯城区	20.18
65	衢江区	17.89
66	常山县	17.29
67	开化县	16.30
68	舟山市定海区	21.30
69	普陀区	14.91
70	岱山县	18.85
71	嵊泗县	12.28
72	台州市温岭市	22.18

续表

序号	县（市、区）	得分
73	路桥区	17.55
74	临海市	20.30
75	椒江区	23.26
76	玉环市	21.03
77	黄岩区	20.09
78	天台县	14.82
79	仙居县	16.26
80	三门县	18.18
81	丽水市莲都区	18.57
82	青田县	16.50
83	缙云县	14.69
84	龙泉市	20.35
85	遂昌县	14.03
86	松阳县	16.64
87	庆元县	12.31
88	云和县	17.99
89	景宁县	15.26

参考文献

浙江省统计局、国家统计局浙江调查总队编：《浙江统计年鉴2019》，中国统计出版社2019年版。

王崟屾：《浙江法治政府第三方评估的理论与实践》，中国社会科学出版社2020年版。

［德］赖因哈德·施托克曼、沃尔夫冈·梅耶：《评估学》，唐以志译，人民出版社2012年版。

李林、田禾主编：《中国法治发展报告 No. 16（2018）》，社会科学文献出版社2018年版。

罗培新：《世界银行营商环境评估：方法·规则·案例》，译林出版社2020年版。

朱景文：《比较法社会学的框架和方法——法制化、本土化和全球化》，中国人民大学出版社2001年版。

陈艳红、姬荣荣：《中国政务微博的发展现状及对策研究——基于对新浪省级政府微博的网络调查》，《电子政务》2015年第11期。

董彪、李仁玉：《我国法治化国际化营商环境建设研究——基于〈营商环境报告〉的分析》，《商业经济研究》2016年第13期。

张国清、马丽、黄芳：《习近平"亲清论"与建构新型政商关系》，《中共中央党校学报》2016年第5期。

张志铭、王美舒：《中国语境下的营商环境评估》，《中国应用法学》2018 年第 5 期。

申政、秀梅:《政务微信公众号选题策划研究》,《新闻论坛》2019 年第 4 期。

王利明:《法治:良法与善治》,《中国人民大学学报》2015 年第 2 期。

World Bank, Doing Business 2018: Reforming to Create Jobs.

后　　记

　　浙江省营商环境法律服务效能评估体系，动议于2018年5月。经多轮讨论与反复论证，在"对标世行、留足空间、符合省情"的测评体系建构原则指导下，浙江省社会科学院项目组（以下简称项目组）历时半年，于2018年年底成功研发"浙江省营商环境法律服务评价指标体系"，并在原省司法厅法制处协助下，于2018年12月—2019年1月，进行了第一次测评，本书就是此次测评指标、过程与结果的全面、客观之呈现。

　　如本书前言所述，课题启动之初，项目组雄心颇大，希望借着世界银行《营商环境报告》在国内的热度，建构起围绕企业生命周期的营商法治环境评估体系，以实现营商与法治（制度）的完美契合。但是，课题推进适逢机构改革调整进行之时，因此，项目组初心落空。在与委托方省司法厅的沟通下，基于当时的司法行政职能，转而重点研发"浙江省营商环境法律服务评价指标体系"，以营商环境的公共法律服务为切入口，重点了解各地各部门认真履行法律服务职责、提升服务效能的情况；说得再清楚一点，就是评估《浙江省司法厅打造最佳营商环境法律服务专项行动方案》在各地各部门的落实情况。之所以套用"营商环境"四字，虽有蹭热点之嫌，但整体还是基于浙江着力打造最佳营商环境以及司法行政机关主动服务大局，把法律公共服务融于营商环境建设的新实践；申言之，也是基于坚持问题导向与效果导向相统一，促使项目组把构建的评估体系称为"浙江省营商环境法律服务评价指标体系"。实际上,浙江司法行政机关致力于优化营商环境,更好地为市场主体健康发展提供坚实的法治保障和优质的法律服务,自2017年6月推行惠企便民法律服务工作即有体现。打造最佳营商环境法律服务专项行动与惠企便民法律服务工作,一脉相承的是加强供给侧改革,着力提供最佳营商环境的制度供给。因此,"浙江省营商环境法律服务评价指标体系"的部分测评指标也延续了浙江省司法厅惠企便民法律服务工作的好经验好做法。

"浙江省营商环境法律服务评价指标体系"的研发,主要是在时任浙江省社会科学院副院长、现任浙江工商大学党委书记陈柳裕研究员的宏观指导之下,由浙江省社会科学院法学所副所长王崟屾具体负责,院内外9名青年科研人员积极参与,展开联合攻关,本书即这一项目组集体智慧的结晶。其中,本书的写作,坚持"总分"的逻辑思路,主要分为总报告、分报告两大部分,由王崟屾负责起草、确定写作大纲,并对全书作最后的统稿与定稿。

总报告是本书的核心内容,主要介绍"浙江省营商环境法律服务评价指标体系"的研发思路、评估指标以及年度评估结果,由王崟屾副研究员撰写。分报告主要介绍"浙江省营商环境法律服务评价指标体系"中由第三方负责的各单项指标测评方法、测评结果以及相应的对策建议。其中,第二章"县(市、区)政府部署营商环境法律服务工作情况评估"由浙江省社会科学院经济所副研究员李明艳撰写;第三章"县(市、区)司法行政服务营商环境宣教工作开展情况评估"由中国计量大学法学院副教授、中国计量大学质量发展法治保障研究中心研究员王勇撰写;第四章"县(市、区)新媒体平台联动工作机制实施情况评估"由清华大学公共管理学院博士后、清华大学国情研究院助理研究员陈怀锦(原浙江省社会科学院产业经济所助理研究员)撰写;第五章"县(市、区)政商交往'负面清单'公开情况评估"由中共天津市委党校马克思主义学院讲师刘健（原浙江省社会科学院区域经济所助理研究员）撰写；第六章"县（市、区）推进律师担任县级工商联（商会）法律顾问评估"由浙江省社会科学院智库建设与舆情研究中心助理研究员孟欣然撰写；第七章"县（市、区）营商法律服务能力提升评估"由之江实验室人工智能社会实验研究中心副研究员王平（原浙江省社会科学院社会学所副研究员）撰写。附录所列的《浙江省司法厅打造最佳营商环境法律服务专项行动方案》与《浙江省营商环境法律服务评价指标体系子项目——司法行政服务营商环境效度测评体系》，主要做一印记，留存一段资料，供读者阅读此书时参考。

此外，项目组翻译了世界银行《2018年营商环境报告：改革以创造就业》中"Overview"（概况）与"About Doing Business"（关于"营商环境报告"）两部分主要内容，目的在于通过翻译深刻了解世界银行的测评理念与方法，以指导浙江测评实践。实际上，项目组在"浙江省营商环境法律服务评价指标体系"应用中多次用到世界银行的DTF法。其中，"Overview"（概况）与"About Doing Business"（关于"营商环境报告"）两部分内容，由北京建筑大学经济与管理工程学院（工程管理专业）本科生邓剑洋同学翻译，王崟屾审校。但报告翻译全文限于版权等原因难以呈现于此书，读者如有进一步阅读需要，可与项目组联系。

饮水思源。"浙江营商环境法律服务效能测评体系"作为浙江省司法厅委托课题"浙江省营商法治环境评价体系研究"的成果，在体系建构与测评过程中得到了原省司法厅法制处的大力支持。同时，本书从属于"浙江省社科院发展战略和公共政策研究院智库丛书"，系浙江省社会科学院智库建设的成果之一。浙江工商大学法学院苏新建教授、浙江工业大学法学院张艺耀博士、杭州电子科技大学法学院方建中副教授、浙江警官职业学院应方淦副教授,以及浙江大学光华法学院博士生胡若溟(现为浙江省社会科学院法学所助理研究员)等师友也对课题的研究给予了力所能及的帮助,部分指标也受益于与他们的交流。浙江工商大学法学院研究生刘筱同学参与了主报告部分图表的绘制工作。同时,浙江省软科学重点项目"浙江阳光科技政务指数构建研究"(2018C25032)、浙江省规划一般课题"'八八战略'的实践基础与时代意义"(17LLXC04YB)、浙江省宣传文化系统"五个一批"人才、浙江省营商法治环境评价体系研究等项目的资助为本书的有关研究也提供了强有力支撑,在此,一并致以谢意。最后,还要真诚感谢本书的责任编辑马明老师,他的认真审校保证了本书的文本质量与顺利出版。

体系建构一小步,营商环境大进步。"浙江营商环境法律服务效能测评体系"作为一项探索性尝试,虽未能尽善尽美、涵盖营商法治环境全过程各环节,但终究不是"坐而论道",而是"起而行之",而且在测评过程中也确实发现了一些问题,这确有助于营造亲商便民的政务环境,因此,也期待这样的尝试不断,以持续优化营商环境,助力高质量发展。

王崟屾

2021年3月8日